AF328893

GUY GOFFETTE

Éloge pour une cuisine de province

suivi de

La vie promise

Préface de Jacques Borel

GALLIMARD

PRÉFACE

Le Malte Laurids Brigge de Rilke, à la Bibliothèque Nationale, s'il veut évoquer un poète, ce que cela peut être, un poète, c'est — comme à Borges plus tard, ils ont beau sembler se situer aux antipodes l'un de l'autre — le nom de Verlaine aussitôt qui lui vient à l'esprit, et le poète qu'il est là, à cette place, parmi ces lecteurs silencieux en train de lire, ce n'est pas Gongora, ni Mallarmé même ou Maurice Scève — et c'est Louise Labé un jour que traduira Rilke — mais bien Francis Jammes. Chez « le dernier des poètes immortels », comme l'appellera Rudolf Kassner, et qui devait à sa plus haute crête, à sa plus haute tension depuis Hölderlin porter, dans les Élégies de Duino, *les* Sonnets à Orphée, *les* Derniers Poèmes, *la langue allemande, ce sont les noms des poètes apparemment les plus « simples », je n'ose dire les plus « immédiats », et comme les plus « transmissibles », qui d'instinct surgissent.*

Si ce choix de Rilke s'est avec tant de force imposé à moi, ce n'est certes pas que Guy Goffette doive rien à Francis Jammes, aujourd'hui, me semble-t-il, si scandaleusement dédaigné, par les doctes, passe, mais, je le crains, par des poètes même qui pourtant comptent, encore que j'imagine avec quelle intime, quelle secrète jubilation, quel sentiment de fraternelle reconnaissance — comme deux êtres, en effet se reconnaissent — Goffette a dû lire, dans une autre cuisine provinciale, en un autre lieu, un autre temps, et ces collines à l'horizon pareillement dans l'encadrement familier d'une fenêtre depuis l'enfance qui sont là (comment du même coup ne pas songer à celles-là, au monde et dans l'œuvre, vers lesquelles, sans cesse, Pavese, comme Nerval à Othys, à Mortefontaine, retournait ?), l'évocation de cet « évier qui sent fort », ce « bruit tremblé de choquement de verres » ou le rire, ambigu et troublant, de cette fille qui dans un salon d'autrefois aux meubles d'ambre et comme attestant eux-mêmes le poids au monde d'une même vivante pérennité, d'une même durée, « remet ses jambes au parfum d'ivoire / dans leurs petits étuis noirs » : non, mais c'est que l'art de Goffette, sensible comme le poète doit l'être, aussi bien, à Follain, comme certaines de ses « dilectures » le montrent à Pavese, plus encore sans doute, à Saba, de l'enfance à la mort aux mêmes humbles lieux fidèle lui aussi, aux mêmes êtres, et ce sont pareillement les plus dépourvus, les plus démunis — tous ces poèmes, soudain, en moi qui accourent, autant de pèlerinages, toute la vie, dans la réalité sans grâce de la ville et, à la fois, en rêverie et en souvenir, à cette « Maison de la nourrice », à ce « Restaurant populaire », à ce « Faubourg » : une reconnaissance, là encore, dans les profondeurs un tendre et immédiat accord, et nulle voix peut-être, à son propre timbre pourtant irrécusablement fidèle, n'avait à aucune autre aussi miracu-

leusement répondu — c'est que l'art de Goffette me paraît relever de ce que, faute de mieux, je ne saurais appeler qu'une poétique de la simplicité.

Je sais bien à quels périls, à quelle volée de bois vert peut-être, m'expose, en ce temps surtout, une telle alliance de mots. Et que rien précisément ne soit plus difficile à cerner qu'une telle poétique, une telle « simplicité », ce pari, contre vents et marées, pour une parole, au premier degré du moins, immédiatement « accessible » et, le mot est lâché, pour l'émotion, je le sais aussi : que l'on y songe, autre « dilecture », dont on ne peut guère douter, de Guy Goffette, la densité, l'extrême tension de la langue d'Emily Dickinson — nulle fluidité, nulle mollesse élégiaques ici, tout au contraire —, c'est bien d'une essentielle, d'une primordiale « simplicité », et cela n'est-il pas un signe qui devrait assez nous alerter déjà, qu'elles procèdent.

À cette simplicité, à la sourde naissance et à la communication de l'émotion, une émotion elle-même toujours contenue, retenue — pas plus que chez Jaccottet ou Follain, il n'y a jamais, chez Goffette, effusion, cette effusion, depuis les « grands » romantiques, trop souvent confondue avec un déploiement rhétorique qui a conduit à parler d'« illusion lyrique » et n'a pas peu contribué à rendre suspecte, en France surtout peut-être, l'émotion même —, concourt en premier lieu le langage, il va de soi, plus précisément : le vocabulaire, dans l'énonciation chuchotée comme dans la rare et scrupuleuse métaphore toujours concret, toujours à la troublante opacité du monde ou à sa mystérieuse transparence, aux mots et aux choses, à « ce qui est », témoignant d'une même attention — nul schisme, dans cette poésie, nul divorce et l'exi-

*lant écran, non plus, d'aucune « absence » —, au plus
près accordé. C'est dire que si Goffette devait à son
tour formuler un art poétique, il serait tout proche,
j'imagine, de celui-là, dans* La Muse qui est la Grâce,
qu'énonce Claudel :

Les mots que j'emploie,
Ce sont les mots de tous les jours, et ce ne sont point
   les mêmes !
[...] Ce sont vos phrases mêmes. Pas aucune de vos
   phrases que je ne sache reprendre !

*Et ce même Claudel, rendant hommage à l'auteur
d'*Amers, *met bien quelque malice sans doute à épin-
gler « les vocables hétéroclites recueillis soigneusement
par Saint-John Perse » — « avec un succès relatif »,
ajoute-t-il. « Par exemple, la grande chose ourlienne.
Larousse : ourlienne, qui se rapporte aux oreillons.
La grande chose ourlienne... hum ! on pense fâcheu-
sement aux "impollués vocables" de feu Jean
Moréas. » Comment, chez le prodigieux poète de l'ad-
hésion à la totalité des choses du ciel et de la terre et
de la même puissante étreinte païenne à la fois et pay-
sanne les embrassant toutes, ne pas lire, dans cette
trop juste raillerie, la même inébranlable résolution
de ne brasser que ces mots eux-mêmes comme lestés
de terre, gorgés de sève, dont le pouvoir, contraire-
ment aux dogmes d'une certaine « modernité », tient à
ce que loin de l'exclure, ils participent de la délec-
table ou « rugueuse réalité » que le poète a, pour
Claudel, mission de nommer et d'un même geste, d'un
même souffle, de célébrer, de rassembler.*

   Je ne peux m'empêcher ici de le remarquer : ce

n'est pas un hasard, comment s'y tromper? et j'ai beau d'ordinaire n'avoir pour ce genre de «rapprochements» guère de goût, si, dans un des plus beaux poèmes de La Tourne, *Jacques Réda, auquel on sent bien la tendresse élective que peut lui vouer Goffette, mais au premier regard pourtant, lui aussi, fort loin de Claudel, fait presque littéralement écho à la parole claudélienne et à cet aspect de sa poétique :*

Ce que j'ai voulu c'est garder les mots de tout le
    monde ;
Un passant parmi d'autres, puis : plus personne (sinon
Ce bâton d'aveugle qui sonde au fond toute mémoire)

La nudité de l'émotion ensemble et de la parole, c'est bien à cela, aujourd'hui, avec quelques nouveaux poètes, que tend Goffette. Ce que je voudrais à ce sujet tenter de dire, c'est que, dans cette élection du vocabulaire le plus juste à la fois et le plus familier, le plus humblement fidèle à «ce qui seul compte parmi tout ce qui est», dans cette économie de moyens à laquelle — bannissant tout philtre, tout «sortilège», tout «enchantement sans référence» — le poète entend du même coup se tenir et dont il fait preuve à chaque fois, il me semble voir une chance pour la poésie même, comme si, par tant de périls menacée, et l'assaut des grands rhétoriqueurs n'est pas l'un des moindres, il lui fallût, à elle aussi, chercher en ce temps des raisons de vivre, ou de survivre, et comme une frêle assurance peut-être de durer, par un même parti pris dans le haïku, un même consentement à la limite, cela vaut qu'on y songe, atteinte d'un coup.
  Pour me borner à un seul exemple — il ne s'agit

pas là, je le souhaite du moins, d'une digression —, je suis frappé en effet de voir que, de tous les poètes du passé, Villon demeure, irrécusablement, et quelques impures raisons qui s'en mêlent, l'un des plus lus : la « jeunesse folle », le tendre corps féminin, sa lisse, sa précieuse douceur, son poignant vieillissement, sa décrépitude, à même la chair la morsure vive du temps, et sa fuite, son arrachement ne prennent jamais chez lui le ton d'une méditation discursive ou quasi abstraite, la mort à deux doigts du gibet en suspens et, devant ce charnier, comme flairée à l'œuvre, sans doute — et pourquoi pensé-je soudain au grand lieu commun pascalien ? lui-même de si près côtoyant la fosse commune —, n'est-il rien qui puisse plus aigu et plus loin toucher les sensibilités ; et que la vérité d'une voix au bout du compte ne trompe pas, je le crois : c'est bien par la nudité de sa langue aussi que Villon continue d'atteindre d'emblée les fonds mêmes de l'être et, si plus ancienne, elle nous est plus proche que tant d'autres, que celle, notamment, de Rabelais (seuls désormais à peu près inintelligibles, un signe encore : les jeux en jargon « coquillard »), c'est que ces mots résistent le plus à l'usure qui, comme ils disent le pain et le vin, la chair et le sang ou ce « petit feu » vers lequel en tremblant se tendent des mains flétries, disent l'amour et la pitié, l'espoir fourbu, la joie des corps et leur sueur soudain, leur sursaut effaré, leur agonie et comme cette odeur de pourrissement déjà qui les suffoque. Pas si nombreuses, comme si ce n'était pas la « Beauté », d'abord, qu'elles visaient et qu'elle ne leur fût donnée que par surcroît, les œuvres qui n'ont pas cessé, depuis l'origine, de susciter ce même fidèle et frémissant amour, j'allais dire : auxquelles on peut ainsi bel et bien avoir recours, et je ne doute pas que Rutebeuf, si l'archaïsme de sa langue en permettait pareillement l'accès — que l'on songe, par une simple chanson porté, à l'écho du bouleversant « déchant » : « Que sont mes amis devenus ? » —, serait lui aussi et pour les mêmes raisons, en est-il aucune autre qui compte, qui tienne vraiment ? de ces quelques-uns, à chaque heure, à chaque détour du chemin, à chaque ornière, qui s'adressent à cette même part en nous, y répondent à ce même appel, extase ou blessure, à cette attente.

Autres et par places, si l'on veut, plus « élégiaques » — encore faudrait-il laver ce mot, comme, aussi bien, le mot « nostalgie », qui ne s'élève par lents paliers vers le cri aigu de sa dernière syllabe que pour déchirer en s'y brisant, des relents douceâtres qu'on s'est évertué à lui coller, et pourquoi ? —, les thèmes de Goffette : ce n'en est pas moins un même choix fondamental qui d'instinct est fait, qui est tenu.

Certains lecteurs s'étonneront peut-être de la place, dans cette œuvre en cours, réservée par le poète à ce qu'il appelle lui-même ses « dilectures ». Ils seront tentés d'y voir, à tort il va sans dire, une sorte de timidité — de ce doute qui est parfois la rançon de l'admiration —, comme si, au lieu de se mesurer de front avec sa propre expérience, le poète eût besoin de ces garants, de ces figures tutélaires qui s'y accordent et en répondent, qui l'attestent. C'est devenu un lieu commun que de dire que les œuvres ne naissent pas, jamais, d'un contact avec le réel, mais de l'horizon avant elles de toutes les œuvres : quand bien même, malgré les sarcasmes de Sartre, nous ne l'aurions pas, tous, cet intime panthéon en nous lui aussi qui nous désigne, qui nous révèle, il n'y aurait pas de plus grave erreur que de percevoir ces singuliers et frémissants répons comme autant de « signes culturels », pis : de parler à leur propos d'« intertextualité ». Ce mouvement est chez le poète si naturel, et comme si instinctif, qu'on le retrouve jusque dans Lecture à Metz *où, dans un de ces « déchants » qu'affectionne également Goffette — ce mot même n'est pas en vain, qui est ici à dessein rechargé de son humilité originelle —, se profile, non nommée, la figure, dans sa distance et sa proximité, de Dadelsen, et qu'il faut bien le tenir du coup pour un de ses traits le plus loin enraciné, pour un des modes même de sa sensibilité.*

Ces « dilectures », où Saba, par exemple, apparaît, tassé dans sa librairie, l'étoile jaune sur sa poitrine, comme ce pauvre sous l'escalier tel que le dernier Rembrandt, familier des Juifs d'Amsterdam, l'eût vu sans doute, eût pu le peindre (Goffette a aussi, en peinture, ses dilections, et elles sont elles-mêmes signifiantes), peuvent sembler, au premier abord, privilégier le « vécu », ou encore ce que d'autres appelleraient plus volontiers, et avec un même hâtif dédain, l'« anecdote ». L'anecdote, en effet, dont on se rappelle l'importance que, dans les premières pages de Nadja, *lui attache Breton, et ce n'en est pas moins dans un sens infiniment plus haut encore, ici, qu'il faut l'entendre.*

« Anecdotique », le goût, enfantin ou non, de Leopardi pour les bonbons, pour les glaces : seulement, il en meurt, en ce lieu, à ce moment admirablement fixés par Goffette, et il doit bien alors s'agir d'autre chose que d'une banale et accidentelle écume du vécu :

« *morte, l'illusion suprême* », de ce « *désir plus fort* », *comment en douter, « d'entendre encore une fois le cœur des jours anciens », par toute l'œuvre d'un bout à l'autre désespérément chanté, « résonner dans la coupelle de cristal ».*

Nietzsche se jetant au cou d'un cheval que bat, dans la rue, un charretier, l'enserrant de ses bras pour le protéger du fouet, et l'embrassant, c'est bien là, si l'on veut, une « anecdote » — qui a inspiré à un poète contemporain de Guy Goffette et par la sensibilité, par une même émotion retenue souvent assez proche de lui, Paul de Roux, un des plus beaux poèmes de son recueil : Entrevoir — *et quel jour aveuglant pourtant elle darde sur les profondeurs soudain mises à nu de l'être : ce sceau illuminant ensemble et testimonial, qui, plus qu'aucun « mot de la fin », scelle un destin.*

Enfin, donner pour titre à un poème les mots mêmes avec lesquels, « avec humilité », dans sa chambre chez le menuisier Zimmer où, à la fenêtre, et comme délimitée par la vitre, s'encadrait la vallée du Neckar, Hölderlin raccompagnait ses visiteurs ou dont parfois il faisait suivre ces poèmes des longues dernières années, signés si souvent aussi Scardanelli, et datés un jour du 24 janvier 1676, un autre du 24 mai 1748, un autre encore du 25 décembre 1841 ou du 9 mars 1840, comme si le poète s'était affranchi désormais des liens du temps et s'il entendait ne plus reconnaître que ce cycle des saisons, printemps, été, automne, hiver, seules en effet par tous ces poèmes, avec leurs dates fictives, inlassablement célébrées jusqu'à la fin ; dire ailleurs, dans cet hôtel de Turin, la mort de Pavese, par l'homme et par l'écrivain du Métier de vivre *depuis longtemps caressée et comme épousée en secret (ce pourrait être aussi bien celle de Nerval, celle de Kleist ou de Celan), ce n'est nullement là ramener la « folie » de Hölderlin, le suicide de Pavese à un accident biographique : c'est faire éclater au contraire le danger qui gît au cœur de toute expérience poétique authentique et qui ne serait rien si l'existence même n'y était à tout instant exposée, menacée.*

Toutes ces « dilectures », et jusqu'à cette mortelle faille qui s'ouvre en certaines d'entre elles, mais tous les poèmes de Goffette aussi bien, ont, semble-t-il, pour source et pour lieu cette « cuisine de province », en apparence si paisible, au monde si bien arrimée, dont des textes volontiers plus amples tentent, non sans ambiguïté, de recenser, de retenir peut-être les hôtes et les choses, « l'eau, le sel, le sucrier et la vaisselle », la « tablée », et le paysage découvert depuis ses fenêtres peut bien d'abord, dans sa familiarité et sa permanence (ou sa ressemblance), apparaître luimême rassurant, lui-même clos et protégé, protecteur. Cette paix, ce lieu au monde n'en sont pas moins lézardés par la plus lointaine, la plus tendre à la fois et la plus cruelle déchirure ; et c'est que cette modeste salle, la cuisine, agrandie par moments jusqu'à devenir la maison tout entière, et comme l'emplissant, la contenant toute, ne cesse de renvoyer à une autre cuisine pareillement provinciale dans le temps, ne cesse, comme les bêtes le sont au fer rouge, ou c'est à la clé sanglante du conte que l'on songe, d'en être marquée. Vrai, ainsi, et dans la même mesure cruellement illusoire, le séduisant et paradoxal sentiment que le poète habite le lieu même de sa nostalgie. Paradoxe redoublé : il le voudrait ; il pourrait par instants le croire lui-même. Cuisine mère, cuisine femme, la même et une autre, et que la même et l'autre en une seule figure se conjoignent, se confondent, c'est cela, peut-être, le grief le plus inexpiable de la nostalgie et sa secrète, son inconsolable supplication. La même et l'autre : que cette « cuisine de province », ici, aujourd'hui, où s'écrit le poème, soit celle-là même, sans solution de continuité, où naissaient les premières rêveries de l'enfant-poète, et que la cuisine « actuelle » semble trait pour trait prolonger et reproduire — la même, l'autre : il n'est pas jusqu'à cette femme « réelle », dans son tablier dont les fleurs se fanent, qui bouge, rivée aux tâches de tous les jours, et s'insurge, derrière laquelle ne semble se profiler une autre femme, « rassemblant autour d'elle / quand tous l'ont quittée, ses membres épars / les jambes, les seins, la tête », eux-mêmes pareils aux « deux ailes de la maison », et comment la cuisine chantée ou désespérément appelée par le poète, avec « sa voix de sucre candi » qui lui « arrache la gorge », serait-elle la sienne ? — tel est bien le persistant et douloureux hiatus à quoi sans le résoudre, sans le dénouer, revient se heurter la poésie de Goffette, d'où elle naît. Elle naît et meurt. « Élégiaque », nostalgique, je veux bien, à condition que retournent boire ces mots usés, à l'inguérissable blessure originelle où est leur source, où est leur lit. — Un cri aigu, la nostalgie, l'avons-nous donc si facilement oublié, un mal mortel.

Une image qui souvent réapparaît dans les poèmes et jusque dans la prose, j'allais dire dans les poèmes en prose de Goffette, c'est celle de la colline à l'horizon, pareille à une femme allongée et vue de dos, et derrière laquelle est pressentie, désirée, la mer que, dans le creux de son village d'Ardenne, l'enfant-poète semble n'avoir jamais vue et dont il attend les dons qu'un jour, sans que jamais pourtant il oublie la cuisine de province où il en rêvait, elle lui révélera : la mer promise, et ce jour viendra en effet où il la découvrira — la vie promise.

Promise et, d'errance en errance, de lieu en lieu, d'amour en amour, apparemment tenue. Tenue, prodigués, on pourrait le croire, les dons du monde, et la nostalgie native n'en est pas moins là toujours, sur quoi, sans amertume pourtant — c'est de bien autre chose qu'il s'agit — ne cesse de revenir, entre autres, un des plus beaux textes en prose peut-être que Goffette ait écrits, dont la prose n'a pas moins la même prenante simplicité, la même directe franchise que les vers : L'ami du jars[1]. Atteinte, la mer promise, mais au loin elle se retire, et la vie comme elle flue et reflue, si bien que, quelques corps que l'on ait étreints, en quelques lieux du monde qu'on ait erré, avant le grand départ lui aussi au bout de tout, Goffette après Rimbaud le redit : « On ne part pas. »

Et l'on ne peut manquer d'être frappé, dans cet Ami du jars toujours qui me paraît être l'un des textes en prose où Goffette s'est peut-être le plus intimement exprimé, par ces mêmes mots jusqu'au lancinement — « l'oreille plus près du cœur que de la tête » — qui reviennent : airs qui « disent la séparation, la détresse, la nostalgie », ou bien « c'est au bras de (lui-même), de (sa) nostalgie, de la solitude » que le poète apparaît et murmure sa « chanson d'amour et de dérélic-

1. Éditions Théodore Balmoral, 1997, repris dans *Partance et autres lieux*, Gallimard, 2000.

tion ». Et dans Ardenne[1], *les voyages nourrissent à mesure qu'il s'éloigne « le sentiment d'un exil diffus (...) et une indécrottable nostalgie », cependant que reparaît « le concentré de rêves et d'images qui trempa notre enfance comme une aube à pieds nus ou comme une mer longtemps promise ».*

Nul signe, je le crois, plus irrécusable de l'authenticité d'une voix ensemble et de l'expérience qu'elle chante, que ce retour des mêmes images. La vie promise, comme la mer, c'était bien, « peut-être, celle qu'on a entrevue dans l'enfance », depuis la fenêtre embuée d'une chambre ou d'une cuisine de province, « au temps où le temps n'était pas, sinon ce peu de sable au bout du jour qui nous montait aux yeux avec la marée haute de la nuit ». Si le poète a le sentiment d'avoir « toujours vécu en exil », nulle part cependant moins que dans La vie promise *on ne saurait oublier « son goût violent de vivre dans la fugitive beauté des choses ».*

Les vers qui dans cette Vie promise, *elle-même « reflet du seul amour », doivent à coup sûr le plus profondément se graver en nous, ne disent pas non plus autre chose et c'est qu'ils ne traduisent pas, vécue et chantée, l'expérience de Goffette seul, mais qu'ils sont bien le mouvement même de toute poésie, chaque poème ce « moulage de l'instant » que disait, naguère, Henri Thomas, à la troublante profusion de la vie tout entier pareillement ouvert :*

> ... La beauté, c'est que tout
> va disparaître et que, le sachant,
> tout n'en continue pas moins de flâner.

---

1. *Partance et autres lieux.*

Reste que, malgré ce salut à la beauté, malgré la mer et ces autres paysages au-delà du dos et de l'épaule de la colline d'abord seule longtemps contemplée, malgré ces flâneries et ces errances, ces dons de la vie l'un après l'autre étreints, le pire n'est pas seulement « de ne cesser de revenir quand on a cru partir pour de bon », mais, solitaire elle-même et comme sans fin la route, de sentir aussi cruellement à vif, aussi brûlante en soi et au monde, la même poignante nostalgie à laquelle on croyait qu'il suffisait de partir pour s'en arracher, ou quel était-il cet autre espoir au cœur, et que la vie promise, la vie donnée et cette langue même de ligne en ligne sur la page qui n'a cessé de la chanter, n'ont fait peut-être au contraire que raviver : « un clou invisible, le même, à des années de distance, dans la chair du présent, un clou qui point le cœur et le déchire comme le papier peint dans la chambre d'enfance qu'on ne reverra plus. Le clou de la vie, sans doute[1] ».

Le poète, dans un autre texte de Partance : Belle en Flandre dormant, *peut bien se dire lui-même « élégiaque forcené » : le miracle est que dans cette poésie de la nostalgie, mais aussi dès le début toute trempée de confiance, d'élan, de désir, jamais l'on n'entende, le cœur par « le clou de la vie » déchiré pourtant, sourdre une plainte. Et c'est que, née de l'enfance et continuant à puiser en elle, cette nostalgie était déjà dans la même mesure nostalgie de la vie.*

Jacques Borel.

---

1. *L'ami du jars,* dans *Partance et autres lieux.*

ÉLOGE POUR UNE CUISINE DE PROVINCE

PROLOGUE

Peut-être bien que les hommes après tout
ne sont pas faits pour vivre dans les maisons
mais dans les arbres
et encore
pas comme l'écureuil ou le singe d'Afrique
qui sont des enfants espiègles et craintifs
mais comme les oiseaux
et encore
pas comme le loriot bavard ou le geai plus rogue
qu'un chien de ferme et plus insupportable
qu'une porte qui grince
mais comme les oiseaux de haute volée de longs
    voyages
qui n'y viennent que pour le repos
échanger quelques nouvelles lier connaissance
et prendre un peu de sang nouveau
avant de s'enfoncer dans le silence et l'anonyme
gloire du ciel

loin

de ces routes toutes tracées pour le commerce des
    choses
et la bonne marche des entreprises de démolition
de ces routes dressées contre l'aventure et le rêve
    comme les bêtes de cirque
(et la plus sauvagement belle rentre le soir
dans sa maison qui roule
et se démaquille
devant le miroir d'eau âcre
tandis que le dompteur déjà s'agite sur sa couche
comme pris dans les rêts du remords
ou suspendu par son propre fouet
aux solives de la nuit)

                                                    loin

de ces routes à coups de serpe dans la mémoire du désert
et dans la langue des collines
et jusqu'à cette légendaire sylve inexpugnable
qui s'en va crachant ses poumons

                                                    loin

de ces routes qui mènent l'homme à contre-ciel
toujours plus loin de la lumière   dépossédé
plus pesant que les pierres
qui l'encerclent et le coiffent
plus léger que feuille morte dans l'air
sans pouvoir sur le vent ni connaissance
de l'arbre et de sa destinée
et plus pauvre que chien battu sans raison
sinon derrière la nuque du maître
la brûlure plus vive chaque soir
de l'épée du vide qui menace.

LA VOIX DES MIROIRS

Quatre murs quatre et jamais un de plus
à croire que l'homme a l'œil équarri de naissance
quatre sont les murs qu'il a dressés pour mettre
l'horizon à demeure et tenir à distance
de son vertigineux mètre quatre-vingts d'orgueil et
  d'impuissance
la toise folle des vents contraires, sachant
que nul n'échappe à son visage véritable
sur les chemins que le vent mène
par la peau du dos comme un malotru.

Infantile, détestable vieillard avant l'heure
qui te rencognes dans ces ruines prochaines
et vas pestant contre la lumière et contre l'ombre
l'insoucieuse enfance et la gravité des femmes
sous le fardeau du toit, c'est ici
entre ces quatre pans d'azur amer, ici même
qu'il t'attend ce visage fui
comme une lettre d'amour bouclée dans un tiroir
— tu as beau chercher la clé maintenant, la belle
a passé qui ne pouvait attendre : il est trop tard
la mort est là quatre fois répétée

comme l'écho de la terre qui tombe
et referme le ciel à jamais.

Ô dieux des quatre vents, accordez-lui au moins
de reposer comme la statue du commandeur au fond
   du parc
quand le vent de la mer s'est remis à souffler
et qu'une feuille parmi les millions
obéissant aux lois de l'errance terrestre
vient sur le front pâle et sans rides
poser sa couronne de gloire.

FAMINE

Certains dimanches d'été, le ciel descend sur terre et tire au cordeau des routes pour les familles sans auto, les chevaux sans maître, les filles gommées des calepins.

Sans bouger, chacun voyage à son rythme dans un pays rendu d'avance, jusqu'à ce que, le soir tombant, il faille se lever, rentrer le banc qui fraîchit, passer la barrière, le seuil, le jeu des ombres, son propre corps et retrouver enfin son visage dans la glace comme cette toile depuis des siècles dans la chambre du peintre.

Le comptable a fermé le dernier guichet
tiré la grille et peut-être un instant pensé
à devenir voleur, à céder au poids
de la clé brûlante dans la poche
tandis que le soleil aux plis de sa nuque
verse la rouille des jours perdus
à supputer la chance d'une fenêtre
dans ces visages minés à contre-jour
par la pioche infatigable du temps

Les villages de schiste sombre et froid
laissent courir aussi des filles aux lèvres peintes
et souvent le poing des vieux laboureurs s'écrase
sur la table de l'unique bistrot
élargissant d'un coup l'espace de l'attente
où la lumière se rassemble, frileuse
et comme prise au piège d'une lampe
mais il est midi à peine et dans la rue
un chat guette une proie que personne ne voit

Derrière la haie le poste à transistors
susurre *le cauchemar de l'Histoire*
tandis que l'homme au bras huileux
fend à la hache un bois récalcitrant
dont le sang atteint le ciel au menton
comme s'il voulait porter à notre place
la croix alourdie du présent

La maison à veilleuse rouge dans l'impasse
tu attendais de grandir, le cœur
et les doigts tachés d'encre
pour y chercher des roses
À présent qu'une route à quatre bandes
la traverse tu es entré toi aussi sans savoir
dans la file qui fait reculer l'horizon
où cet enfant t'appelle qui n'a pas pu grandir
portant jour après jour en ses mains sombres
le bouquet rouge au fond du ciel
que tu n'as pas cueilli

Comme le visage à vif du boxeur
aveugle après la troisième chute
tu n'entends plus les coups
mais ton cœur entre ciel et terre
qui répète sans se tromper le nombre exact
Le soir qui tombe sur tes épaules
enfonce les clous un peu plus bas

Minée par quelle mer la ville
puisque les taupes n'y harcèlent pas
le printemps sans racines
Peut-être est-il venu le temps de croire
que Jonas est vraiment sorti
de la baleine et que c'est lui
ce vide au carrefour
que tous rejettent en accélérant

Les yeux jaunes des voitures le soir
tu les voyais déjà, enfant
détourer le pied des immeubles
et tu faisais pareil à table
avec la mer et les ciseaux dorés
ajustant patiemment sous la lampe
l'image à sa légende obscure.
À présent tu sais lire et tiens ferme
la barre de ta fenêtre sur le monde
où les immeubles s'écroulent
l'un après l'autre dans l'incendie
découvrant peu à peu la ligne
sous laquelle il te faudra descendre
descendre encore, paupières closes,
pour joindre les bords extrêmes de ta vie.

LE PEINTRE

Lui qui avance les mains nues les paupières scellées
sur la scène déserte et sous les projecteurs
le temps ne l'arrête pas ni le vide, il marche
depuis des siècles vers un mur connu de lui seul
comme l'arbre qu'un ciel obstiné tire vers l'horizon
et s'il s'écarte parfois c'est pour laisser à sa place
une fenêtre ouverte où quelqu'un appelle invisible
et chacun croit l'entendre dans sa langue

GOYA

La nuit peut bien fermer la mer
dans les miroirs : les fêtes sont finies
le sang seul continue de mûrir
dans l'ombre qui arrondit la terre
comme ce grain de raisin noir
oublié dans la chambre de l'œil
qu'un aigle déchirant la toile
enfonce
dans la gorge du temps

LA VISITE DE REMBRANDT

La nuit a volé
son unique lampe à la cuisine
piégé dans la vitre
celui qui se tait
debout dans la tourbe des mots
Il brûle à feu très doux
l'obscure enveloppe du silence
(comme ces collines sous la cendre
réchauffent l'aube de leur mufle)
et pour la première fois peut-être
son visage d'ombre est toute la lumière
et parle pour lui seul

UTRILLO V., PORTRAIT BLANC

Un peu du plâtras des murs rien qu'un peu
et rendre à la jeune putain
son sourire de vierge
(Aimer ô l'infinitif amer
dans la nuit des statues et dans
le jour qu'écorchent les bouchers)
Visage impossible à saisir
avec ce ciel collé au bout des doigts
quand la femme unique
sur toutes les fenêtres aveugles de la terre
roule des hanches et passe

Ce peu de mots ajustés aux choses de toujours
ce questionnement sans fin des gosses dans la journée
ces silences plus longs maintenant, à l'approche du soir
comme le soleil traversant la chambre vide
sur des patins, tout cela qui se perd
entre les lames du parquet, les pas, les rides
a fini par tisser la toile inaccessible
qui drape chacun des gestes du vieux couple
lui donne cet air absent des statues
prenant le frais dans la cour du musée
— et nul ne voit leurs ombres se confondre
enjamber le haut mur du temps
mais seulement l'échelle aux pieds de la nuit
l'échelle sans barreaux ni montants
d'une vie petite arrivée à son terme.

AU BOUT DU COULOIR

L'anneau d'or trop étroit pour contenir l'amour
et les promesses des premiers temps
toutes les chambres désormais s'y meuvent
comme des poissons, et les larmes, les cris
les rires du monde y délivrent
l'écho durci sous l'étouffoir des paroles
et c'est le même depuis toujours pour tous à la fin
— mais le vent officie comme hier sans plus
d'auditeurs que l'arbre les hautes céréales
et lui seul peut-être à présent qui écoute
au bout du couloir les pas se perdre de plus en plus
   vite
voit dans sa main dépareillée l'or fondre
l'anneau s'ouvrir pour épouser la nuit.

Tandis que saigne longuement
la paume du soir
qu'au fond des plats d'argent
se figent les sauces
une petite fille se pique d'être femme
dans la peau du miroir
lissant d'un doigt mince
sur la poitrine d'une star quadrichrome
la rose de papier qu'une mouche traverse
comme elle indifférente
aux ruines de nos jours

DES FENÊTRES D'ABOIS

Et quatre sont les noms du vent dans la main des blés
tournant la face éperdue de qui n'attend plus de
* l'homme*
que paroles de sansonnets
ombres et cendres de paroles
Quatre sont les chevaux du vent qui tendent l'horizon
* jusqu'à la déchirure*
Ô météorologie cruelle au doigt du vivant que la mort
* harcèle*
rends-lui l'étoile cardinale et d'épuiser le miel des
* quatre doigts*
Nord plein nord pour son front têtu
pour aiguiser sa faim cistercienne d'aller au bout de
* toutes les neiges*
sans manquer à ses pas
Sud mer sucrée pour saouler son désir
déborder sa soif et connaître
le plaisir du baiser
Est aigu pour le soc et le couteau du désert
l'œil de la lame dans la plaie
comme pour conserver l'acuité du regard
Ouest pour adoucir les muscles de la lutte

et parler de la mer
de la tendresse et du crépuscule
et rouler sans tarir les cailloux sous la langue
à seule fin de toucher le cresson des mots
de déshabiller le monde de son écorce mensongère
et de le voir à nouveau gigoter comme un premier-né
    dans l'herbe des phrases
qui n'ont suite ni raison
Ouest ouest pour le plaisir de la balle au bond
pour oublier que l'homme est un animal de grand
    instinct
qui se nourrit de plantes étouffées et de chairs
    pourrissantes
que son cœur est une machine à deux temps
son œil équarri de naissance
et son rêve toujours à ses côtés qui marche à contre-
    temps

1

L'échancrure du monde

Premier essai du printemps sur la neige
tu sors ton visage éteint, la carcasse
que l'hiver a rouillée et qui grince au-dedans,
tes yeux clos sous le masque
voient passer l'ombre qui murmure :
« Dans trois jours, trois jours seulement ! »
mais il n'y a personne quand tu les ouvres
et pourtant tout a changé
l'arbre au bout du pré est un arbre
vers lequel tu marches léger :
c'est toi qui portes toutes ses feuilles.

UN RAYON

Puante et barbouillée la cuvette
dans l'arrière-bistrot
accueille comme personne
le rayon surgi du vasistas cassé
et le reste de glace piquée de rouille
qui la surmonte
lui tend une main secourable.
On la frôle en se penchant sur l'ombre
comme à l'hôpital
le silence entre les lits
quand le printemps
visite les chancres

LE PALIER

Le soleil debout dans le vert
avec les troupeaux frais
réapprend pas à pas la rondeur du monde
et l'équilibre au convalescent
qui va sous ta propre chemise.
Main posée sur l'échine du jour
il gravit lentement chaque marche du ciel
jusqu'à ce palier derrière ta nuque
où ce qui est advenu
et ce que tu attends
partagent la même ombre.

SUR LA TERRASSE

La porte de rubans que balance la brise
est la seule fontaine abreuvant
d'un peu d'ombre lingère
la cuisine qui ouvre sur la terrasse
où cuit depuis midi le pain de la lumière.
(Le soleil lui aussi s'est changé en statue)
On perçoit seulement les petits coups de bec
des derniers oiseaux invisibles
sur la croûte sonore.

Le jardin est entré dans la cuisine
avec le cheval ivre et le ruisseau lointain
parce que la table était ouverte
à la page la plus blanche de l'été
là où convergent toutes ces routes
que tisse le poème
pour l'aveugle immobile
mains posées sur le bois
la pointe du couteau fichée dans la mémoire.

DIMANCHE

La cloche du beurrier ancien dans le soleil d'octobre
est une église oubliée sur la table des hommes
Elle rassemble autour d'elle les miettes éclatantes
du cœur qui a vécu son heure de gloire
dans le partage et l'apaisement des cris
pépites qu'une main sèmera sur le gazon bleu
pour les oiseaux les insectes les dieux invisibles
qui portent la lumière au creux des arbres immobiles
et dans l'espace ouvert la nuit entre nos songes

À quoi bon fuir l'été venu vers une mer
bien à l'ancre dans son lit
quand rester immobile au creux du chemin semble
une manière de navigation et que déjà réunir
tes doigts sous le front te sacre capitaine
qu'il suffit de peu un coup de vent plus sec
gonflant ton paletot et de trouver comme autrefois
la force de siffler en baissant les paupières
pour voir sortir du port le village à tes pieds
tous ces gens sans histoire sous le linge qui vole
debout et saluant sur le pont dérisoire
ce pays qui te tient comme un regard d'ami

Premier soleil sur les sillons comme
après la chute invisible d'Icare
cette légère écume où la lumière poudroie
où s'efface la main du maître sur la toile
Plus près, comme une ultime retouche à la signature
ce couteau de neige ouvert à la lisière du bois

LES HEURES

Comme la neige entre les pas de l'inconnu
la maison respire entre les heures
frappées sur le cadran nocturne
respire, écoute, aspire à l'éternel écho
des voix tues qui montent des jardins
tremble et respire, comme la buée
au carreau froid, la vie qui s'évapore
tandis que le dormeur près du toit
mesure à grands coups d'ailes immobiles
la mer assujettie entre ses tempes.

2

Enfances

À Vivian, Annelise, Virginie

Ainsi nos pas se sont portés longtemps à l'avant des
    navires
plus pour le combat des vagues la déchirure des eaux
que pour l'aventureuse saison des îles
— nos pas imaginaires
mais toujours le poids de la terre nous ramenait
dans l'île intérieure où piétinent les chevaux du sang
et la tartine prise à la sauvette
et la bise au front du paternel bleui, adieu
adieu père mère famille encalminée, la voile est tendue
et la mer au fond du potager va larguer nos amarres.
Les toits déjà les toits encore tournent leur échine
pour nous barrer la route
comme ces pauvres requins
qu'un rien jette au tourment de la chair
et les vieilles pareillement qui brûlent sous ces toits
de ne plus brûler
tandis que nous, amiraux sans terre ni bateaux
nous coupions tous les ponts
avec ce monde utile et méprisable
sûrs comme les grues à la ruée d'automne
de trouver l'or vif sous la paupière basse de l'horizon.

L'EXTRÊME ÉTÉ

Le voisin est mort mais l'échelle
est restée contre l'arbre qui s'enfonce
avec le soleil dans la chair ferme
des pommes et la gorge des petits maraudeurs.
Eux font feu de tout bois
et de la mort se fichent
comme des pommes qu'ils écrasent
l'une après l'autre, sans remords
gravissant le dernier échelon de la joie.

La cuisine, Icare y fut aussi
avant de fondre sur la mer — aigle
et proie de l'aigle — heureux peut-être
de suivre sur le mur près de la salamandre
la précipitation des ombres, des lares domestiques,
démêlant d'avance leurs pas des siens dans le labyrinthe
et raillant leur incroyable maladresse
(Enfants, nous riions aussi des vieux radoteurs
alors que l'huile baissait déjà dans notre lampe
et qu'au-dehors le poids de la lumière
qui délivre l'oiseau
relevait d'un cran la barre du jour
qu'il nous faudrait sauter).

GÉNÉRATION

Avec les rares oiseaux qui rentrent de vacances
les moteurs remettent leur opus bucolique
sur la platine des jours qui tourne au ralenti :
tronçonneuses tracteurs et les motos rebelles
projettent avec fracas le printemps au fossé
et toi qui sors de la nuit, pâle et grave
d'avoir nourri à la becquée l'insomnieux poème
te voici soudain plus paumé que l'horloge de bois
dans la cuisine chauffée au transistor — ton fils
le claironne tandis qu'au fond tu souris
parce que sa voix d'oiseau trahit l'incendiaire
qui met à blanc le cœur dans chacun de tes mots

BELLE

Belle n'avait qu'un an quand elle vint habiter chez moi. Belle à la dent de silex, au cœur de salade. Belle qui me mangeait tout mon temps dans la main, me battait à la course, m'écornait les pages de la nuit…

Maintenant qu'elle est rentrée au chenil de la fourrière, je nage dans mes jours comme dans un chandail trop large.

LES PETITS MOZART

Ce piano noir tant attendu
c'est à peine s'ils le virent au matin
debout contre le mur de chaux
Enfants prodiges le temps d'une traversée
ils reprenaient maintenant pied
sur la terre ferme
tanguant encore un peu
si malhabiles qu'à beurrer leur tartine
ils avaient trop de doigts ou pas assez.

PRINTEMPS BLEU

L'heure vient où l'enfant refuse
de se coucher tant que le jour
reste assis dans le pommier
muet depuis l'hiver.
Lui dire que la terre a basculé
pour voler au soleil
l'eau courbe et la palette des fruits
revient à combler un fossé
qui n'existe pas.

Les enfants qui glissent dans nos paroles
comme des points-virgules, savent tout
et se souviennent de notre mal
à dire la vie qui passe et comme l'amour
est difficile. Ils glissent en chantant un doigt léger
dans l'échancrure du monde qui nous couvre
puis s'arrêtent la joue contre l'oreille du chat
avec un visage grave et si vite fermé
qu'il nous déséquilibre, nous jette hors du temps,
soudain muets comme près d'un puits plein de morts
alors que s'arrondit, margelle de nos jours,
de nos vaines paroles, la pupille du chat.

CHÂTEAU D'EAU

Mon père et ses sources : celles qu'on met des jours entiers à dénicher et qu'on perd en cinq minutes, un coup de trop dans la poche ; celles qu'on n'attendait plus, qui bondissent la nuit et dévorent les moutons bleus du puisatier.

C'est entre les murs de ce château fragile, menacé, menaçant, que nous vécûmes ensemble, mon père et moi, sans parvenir tout à fait à boire la même eau, lui sondant toujours plus loin l'âme des puits et moi, sur le front des nuées, courant comme un perdu entre les gouttes.

LE POING D'OMBRE

Elle rit dans son sang qui caille
la tête du cochon rose posée
sur un journal au milieu de la table
et eux rient aussi, levant leur verre
dans la lumière qui s'essouffle, les tueurs
avant que paraisse sur le seuil
retour de classe, l'ange gracile
pour qui tant de cierges brûlèrent
et que le ciel d'un coup s'effondre
comme un corps sous la lampe, répandant
la nouvelle trop longuement serrée
dans le poing d'ombre : l'enfant
ne viendra pas, il est mort, il n'est
jamais venu.

À dix ans on a l'éternité sous sa casquette
et la mort est littéraire ni plus ni moins
couchant sous la poussière des bibliothèques
un passé d'infortunes et de cris dérisoires
tandis qu'on vole au secours d'une étoile
qui nous parle à voix basse au milieu du pommier
(ce qu'elle veut nous n'en savons rien   il suffit
qu'elle soit puisque nous sommes conquérants).
Les murs s'écroulent les greniers rendent gorge
et l'horizon s'écarte avec les oiseaux
c'est dans l'ordre puisque nous avançons
— et sur le ciel nos pas précèdent les nuages
qui vont mourir au fond des terres —
dans l'ordre aussi bien
qu'un jour les murs relèvent le ciel et nous dépassent
que les greniers pleins de rêves nous époumonent
et que l'horizon dans notre dos
referme ses portes pépiantes
oui, dans l'ordre assurément qu'une autre étoile
nous prenne par la main et nous emmène
(ce qu'elle veut nous le savons bien   il suffit
qu'elle soit puisque nous sommes désarmés)

et nous couche dans son lit
où nous perdons avec notre casquette
l'éternité qui roule hors les murs
et n'amasse que le vent.

LES PORTES DE LA MER

*La mer quand elle a fait son lit sous la lune et les
    étoiles
et qu'elle veut sombrer tout à fait dans le sommeil ou
    dans l'extase
la mer quand les poissons ont trouvé une autre route
pour tirer la soie du cocon et gagner leur temps de
    paresse
la mer quand plus rien ne la retient d'en faire à sa tête
le contrat des Compagnies maritimes ni le traité des
    Eaux territoriales
ni le cours du baril ni celui du dollar
la mer enfin quand elle peut se ranger pour de bon et
    voyager incognito
ne descend pas à l'hôtel comme on pourrait s'attendre
de la part d'une personne de son importance, non
car elle n'a rien à voir avec les chambres de hasard
et peu lui importe que des princes y soient descendus
la mer comme tout ce qui cherche mesure à sa soif ne
    descend pas, elle monte
elle monte dans les trains à petite vitesse les derniers
    survivants de l'ère vagabonde
à pratiquer le précepte bouddhique du voyage*

et qui vont de gare en gare abandonnées dans la
    bruyère pour le plaisir de quelques vaches
elle monte dans les collines pour voir les toits d'ar-
    doise et les tuiles
et la lumière sur eux qui pêche à la ligne et le mouve-
    ment de la terre alertée
elle monte aussi dans les chambres pour saluer les
    femmes
qui savent aimer et dont le corps garde longtemps la
    chaleur des étreintes
et là, s'arrête enfin et ses vagues l'une après l'autre
    se couchent dans leurs yeux
alors les femmes se lèvent car il est l'heure du café
    dans la cuisine
l'heure à nouveau d'affronter la houle des enfants et
    ces pensées en grand tumulte
qui vont viennent se brisent en éclats de verre et tou-
    jours ressuscitent
comme cet oiseau inlassable au fond du noyer qui
    répète
la même question — deux ou trois mots seulement —
    et le cœur est au large...

                        — Mère, que disais-tu déjà ?
(J'ai vu bouger tes lèvres) et ces yeux, qui te les a
    changés ?

1

Une montagne de silence

Laide est la petite cuisinière
mais elle touche le ciel
entre la planche à pain
et le panier de linges

Lourde d'aimer les roses
au-delà des rosiers
elle s'envole avec la poussière d'or
des meubles

Dedans dehors douce où les cœurs
sont de pierre elle pleut
et du piano endormi sous la mer
tire mille et mille papillons
qui gardent la nuit plus haute

Il arrive qu'aux femmes sous le boisseau
le vent d'automne apporte les noms mêlés
des enfants qu'elles n'ont pas eus,
que se gonflent soudain
leurs vêtements et les cases vides
de l'armoire à photographies
fermée à double tour.
Cependant le miroir les surprend
toujours le peigne à la main
ne sachant de quel côté prendre cette chevelure
pour dénouer sans heurt
la nuit de ses cordages.

Cuisine est mot de pluie pour petites filles en bonnet
    rouge
qui colorient le ciel en vert et les prairies en bleu
convertissent le loup en agneau
et mêlent les fraises des bois au feuillage des arbres de
    la mer
sous prétexte de sauver ce qui peut l'être encore avant
que cuisine redevienne cette île dans la maison
avec tous les parfums sagement rangés en pots sur
    l'étagère
toutes les couleurs tapies sous les larges palmes du
    papier décoloré qui s'effondre
tous les chemins assis autour de la table lasse
et les rêves blanchis et pliés en quatre au fond du buffet
où il n'y a plus de petites filles
sauf certains jours de pluie quand la crevasse du
    pouce
se rouvre sous la lame (ou la digue des yeux sous l'oi-
    gnon brûlant)
alors, l'horloge s'arrête et elles entrent en cortège
avec à la bouche la violence des fraises écrasées
et cette odeur de loup sous le manteau

que seules les femmes restées sous le boisseau appri-
  voisent en silence
tandis que le jour s'effeuille au carreau
et qu'à l'intérieur, dans le champ invariablement bleu
  de l'œil,
le ciel commence à reculer ses lampes.

JALOUSIE

Il lui arrive de plus en plus souvent la nuit
de descendre dans la cuisine
où fument en silence sous la lune
les statues que le jour relègue parmi les meubles
les habits, sous l'amas des choses
rapportées du dehors et vouées à l'oubli.
Il n'allume pas mais s'assied dans sa lumière
comme un habitué au milieu des filles
et leur parle d'une voix triste et douce
de sa femme qui se donne là-haut, dans sa propre
    chambre
à de grands cavaliers invisibles et muets
— Et c'est moi qui garde leurs chevaux, dit-il
en montrant l'épais crin d'or enroulé
à son annulaire.

1

Choisir à cinq mille kilomètres du Jourdain un lac de quatre sous pour y recevoir à treize ans le baptême bleu des noyés, avoue que cela fait beaucoup de chiffres à retenir d'un coup pour ta mère à qui nous portons la nouvelle.

Muette, elle nous interroge l'un après l'autre en serrant les poireaux frais qu'elle tient sur sa poitrine. Il y en a trois déjà qui penchent la tête. Elle leur parle des yeux, les caresse pour qu'ils se reprennent, la ramènent au jardin et nous

à l'autre bout de son âge, là où les chiffres ne comptent plus.

2

Sur les bancs de l'école, nous avons navigué ensemble, toi moussaillon, moi à la barre, mais c'est toi qui toujours apaisais les vents, criais à la tempête Passez muscade.

Tu coloriais les eaux des cartes au lapis-lazuli des mosquées et, digne fils du désert, croyais que toutes les mers sont des mirages sans largeur ni profondeur.

Celle qui te porta de longs mois dans ses eaux cherche aussi dans mes yeux trace d'un mirage mais je suis seul à la barre et le bateau
sombre.

UNE MONTAGNE DE SILENCE

C'est vrai, tu n'entends rien
ni ta femme qui s'ennuie à déplier
replier sans cesse le même ciel
sur les mêmes enfants, ni eux
quand ils t'ouvrent ce jardin
où la lumière des pas serait légère
sans cette ombre que tu laisses ouverte
comme une tombe, ô piètre cantonnier !

Vrai, tu n'entends rien, même pas
ces paroles dans l'air, ces voix
qui figent les hirondelles sous le toit
à peine si tu distingues encore
le bruit de l'eau dans les murs
de ton sang qui précipite la nuit

— Une montagne de silence à traverser, dis-tu
à qui veut l'entendre
mais tous sont devenus sourds
sous les remblais de ta terrasse.

2

Retour des muses

CHLOÉ

Pour raviver l'oiseau dans le cours de ses reins
et délivrer des massifs d'ombres que le jour ensemence
la fleur de l'âme qui se fane assise à la chaîne
trente heures par semaine
elle réapprend seule chaque soir
l'alphabet des gestes d'Icare
comment sans périr déborder du corps obscur
et prendre enfin congé de l'épaisseur

Telle une reine de Nubie
n'ayant d'autre digue que ses seins
pour maintenir le fleuve dans son lit
elle s'est levée comme l'envahisseur de l'aube
l'envahisseur si lourd
si beau
qu'à peine sur ses gonds
elle a des bras de paille au vent
et dans la cambrure de sa taille
comme une fenêtre ouverte sur le vide
déjà l'appel désespéré de l'incendie

AIOLÉ

Cet arbre debout dans son squelette
quelle voix ranime-t-il en nous
sous la tuile obtuse qui bat
que l'espoir nous reprenne si facilement
de voir enfin tourner la terre
(comme l'enfant au bord du bassin
misant tout l'avenir
sur son trois-mâts de carton)
et si facilement nous laisse le matin
à quai, brutalement déserts
avec un corps d'homme qui tremble

BAKCHÉ

La nuit a crevé les outres routinières
et l'ivresse surprend dans sa chambre
après la dernière séance
la jeune ouvreuse arrachant aux fenêtres
leur voilure de soie
comme pour effacer les lignes qui couturent
jusqu'au mouvement de l'aube sous l'aisselle
le rêve de la mer sauvage
dans le corps dépossédé

NÉRÉIDÉ

Mystère de la mer au fond des chambres
quand la femme qu'on croyait vaincue
par la montée des heures
se retourne dans la barque et d'un geste salue
le visage impassible des noyés

Mystère de la femme au fond des mers
quand la chambre à son commandement
change de cap et creuse
entre les seins de l'endormie
la nuit comme un fanal
jusqu'à la grève inaccessible qu'on respire

ASTRÉ

Déshabillez les nuits des villes assassines
vous trouverez sur le trottoir la lune assise
les pieds dans la rigole où pataugent en jurant
ceux qui vont au bordel s'assurer l'âge d'or
et qui ressortiront doutant des dieux
des cieux des hommes
et remettront le pas dans l'eau putride
en jurant fort contre le monde et contre
la constellation de la vierge là-haut
qui les nargue et leur met
l'âme en travers des yeux

3

Cuisine côté cour côté cœur

À Françoise hors-les-murs

Un rien l'habille, comme les statues, dit-on
une deux chaises un cageot un cendrier
et la voilà prête à fumer la pipe le dos appuyé
contre la colline où le soir roule ses derniers feux
mais l'hagarde paroi de verre entre elle et lui s'insinue
comme c'est si souvent le cas entre les hommes
et le feu ne prend pas et la pipe reste froide, inexistante
et ce qui paraissait si accessible au premier regard
se trouve compliqué par la seule présence de l'inconnu
— comme l'enfant soudain devant la nudité de son père
et il faut tout reprendre à zéro : au commencement
il y avait l'homme et puis le feu est sorti
de sa poche la plus sombre et la pipe avec ses braises
sa petite fumée bleue qui s'en va rejoindre (on le vou-
    drait)
la cuisine où tout repose dans la maison qu'on a quittée.

Les vagabonds :

Ce corps large ouvert avant l'aube et que la nuit
ne ferme jamais en entier ô cuisine d'enfance
si tu le livres c'est pas à pas
à ceux qui, dans l'ombre comme nous,
consentent à mourir loin de tes feux, sur les routes
en mer ou plus haut que les nuages, ayant franchi
la barrière et brisé les dernières images
qui les retenaient par les cheveux.
Ils furent tes hôtes improvisés, tes ouvriers
de la dernière heure, ces amants que la pluie emporte
avec le sable des lampes
vers une mer plus vaste et inutile, et tous
maintenant que l'échafaudage du rêve est tombé
avec la nuit, qu'il n'y a plus rien à faire qu'attendre
tous, ils se souviennent de ton ventre, de tes genoux
de tes yeux enfouis dans la douce lumière d'hiver
de ta chaleur de chienne
et de ton jardin plein de mousse aux parfums emmêlés
comme les boucles des anges dans la sapinière de
   minuit.

102

Ô mémoire, belle prisonnière du vent
que nul en sa déroute ne délie
même s'il a perdu son nom et sa femme et sa folie
mémoire, notre unique bagage en ce lieu sans racines
(mais quoi d'autre opposer à l'angoisse qui nous serre
les uns contre les autres, tous étrangers pourtant
et bien plus solitaires qu'un buis crucifié
dans l'infernal été des granges, oui, quel autre fil
pour ne pas céder dans le labyrinthe
à l'aride existence des momies ?)
Ô cuisine tellement ouverte et si chaude en ta douleur
depuis toujours, par tous les temps, que tu peux dire
    Allez
voir ailleurs si j'y suis, dans un mouvement d'humeur
on sait que tu es là, que tu attends comme la nuit
l'exaltation des voix, des rires, et la tablée
où, comme un cœur bien accroché à la louche qui verse
le printemps dans les assiettes, tu souris
aux ombres du miroir rouillé et te perds
dans les pas d'autrefois les souvenirs blancs ou noirs
l'odeur entêtée du lilas enfermant le couloir
comme une chambre à jamais close où défilent
un par un les morts aimés et les autres
par exemple celui-là qui s'en fut en Abyssinie
étreindre une rose vive — peine perdue — et cet autre
pour l'amour d'un cheval, qui devint fou, tous
tu les rassembles autour de la table
comme les seins, la tête, les jambes, les deux ailes
de la maison, sans oublier ce qui fut la part de chacun :
l'eau, le sel, le sucrier et la vaisselle
— et le temps passe ainsi, le feu s'est éteint
les ombres ont repris leur face inconsolable
Patience ! tu reconstitues pour les bois qui geignent

et pour la comptine muette de l'escalier
pièce à pièce, ce puzzle si longuement brouillé :
la vie d'une cuisine en province.

La Prisonnière :

Non, vraiment la douceur des mots t'égare
et la pluie ritournelle d'automne contre la vitre
fait dérailler lentement ce train où je ne peux voyager
    avec toi
sauf en rêve car ici est une voie de garage
et si l'herbe ne pousse pas encore entre mes jambes
c'est que je reste debout et piétine comme une jument
impatiente d'attraper la mer qui bâille entre les
    collines
où je n'enfante que mirages de verre, de murs blancs,
    de lessives
Non, la cuisine que tu chantes n'est pas de mon sang
sa voix de sucre candi m'arrache la gorge — et si tu
    n'entends pas mon cri
sache au moins que c'est lui qui me porte avec toi
    contre toi —
et la glu de ses bras me coule dans le dos et me tache.
Regarde mon tablier : toutes ses fleurs sont fanées
et je ne garde rien de l'odeur des prés
où j'aurais tant voulu mourir contre toi avec l'été.

Vois cette ombre plutôt qui grandit sur le papier réglé
    quatre sur quatre
(papier-musique à dissonance sans autre musicien que
    l'angoisse)
qui grandit à mesure que les invités s'en vont
et qui tombe sur moi d'un coup et m'écrase de tout
    son poids
de montagne rabotée basse et stérile — ah, ces désirs
dans la chair à vif qui rentrent leurs ongles ! —
c'est elle la marâtre qui de l'aube à la nuit me livre
entre ces quatre murs, à ses amants de passage
qui m'écartèlent entre l'évier et le buffet
et mon corps comme à l'estrapade sur la table se sépare
et j'ai dix mains tout à coup, dix oreilles
et le fleuve des voix, des rires, me traverse
sans que j'y puisse même tremper les lèvres
et boire ce filet de ciel égaré dans l'œil de mes enfants
et quand le fleuve tarit (il est neuf heures déjà)
je reste avec un grand désert sur les bras
— Toi, tu as passé les collines et tu ne sais plus rien.

4

Herbertstrasse

À Domenica.

*Hambourg dans le froid et la neige d'ici
ce que j'en sais : deux fois rien J'imagine
avec les rares souvenirs d'enfance
les mots volés les rires mal pudibonds
des hommes à la veillée la première photo
de femme nue rien de la poussière blanche
comme partout sur les toits maintenant
et l'envie de se rouler dedans de perdre
le rouge qui monte encore derrière le front
au mot* pute *et le désir plus violent
d'embrasser la nuit sur la bouche*

1

Petits pêcheurs derrière la vitrine
réparant les filets
comme si l'aquarium était dans la rue
la rue dans l'aquarium :

patiemment les sirènes
rajustent leurs bas

*Vitrines d'amour aussi nos mémoires de porcelaine
sous l'abat-jour des mots la charpie des angoisses
des nuits perdues dans l'inusable désert de la page
et puis la mort comme un chien dans le jeu de quilles
le ciel foudroyé en plein miroir et dans l'aube tournant
vers le mur le dos frileux des bibliothèques
ton vrai visage enfin parmi les débris : trois
quatre poèmes qui soutiendraient à peine
l'œil enflammé d'une amoureuse*

2

Jeunes vieux
passants que la nuit traverse
la mer et ses feux

les uns rient plus haut que les toits
et parfois trébuchent
comme si leur ombre même
brûlait à l'intérieur

Mort qui gagne à ne rien dire que de biais :
ces tas de lettres ces poèmes inachevés
comme une bête au milieu du pré
la paire de lunettes et les clés
qui n'ouvriront plus le coffre des jours
quand le drap tire déjà vers la terre
le corps ennuité qui se vide
Que ne les avons-nous suivies jusqu'à la noyade
les vivantes sirènes sur le pavé
puisque rien ne prévaudra contre elles
qui tant aimèrent et nous si peu

3

Comme si son œil bleu
ses seins dans leurs nasses
marchandaient la mer

la chambre est un coquillage
mais la perle au fond
n'est qu'un grain de sable

Lourdeur des seins une fois déliée la guêpière
brûlante comme ta mère après les foins
et la vaisselle lui échappait
sonore enfin le silence était le même
d'un bout à l'autre de la terre c'est lui
que nous emportions dans la barque du sommeil
comme une île inaccessible où toutes les femmes
allaient de nuit réparer leur visage
lui aussi sans doute dans ce bout de poème
contre l'angoisse comme une musique encore
un peu de neige dans la voix : tendresse de la femme

4

Pèlerins peut-être aussi
le cœur agenouillé
face aux icônes vives
comme si Véronique de nouveau
allait jaillir de la vitrine
éponger les plaies

mais la dernière station
est celle du métro

*Qu'est-ce qui résiste sous la poigne des mots
comme une ombre que le désir n'enflamme pas
à vouloir célébrer toute la femme est-ce
la peur d'affronter le fleuve même
ou la terre sous le pied déjà qui se dérobe
à seulement l'évoquer comme s'il s'agissait
de rentrer nu dans le ventre maternel je ne sais
pauvre de sens tout à coup découvrant la langue veuve
à dire je t'aime au-delà de la lisière du corps
comme si toujours entre la main usurière
et la courbe des hanches coulait le Styx*

5

Et l'un monte l'autre descend
leurs ailes ne se touchent pas

comme si entre ciel et mer
Icare infiniment
reportait le terme

Ce visage entrevu Domenica *comme un autre poème*
dans le récitatif un pays bleu en filigrane
que les yeux ne peuvent traduire — pas plus
que le mot sehnsucht *longtemps roulé*
sur la langue — fait basculer le livre dans la nuit
et la chance avec lui de toucher par les mots
la frange du vif de détourner d'entre tes seins
cette ombre qu'un inconnu aux prises lui aussi
avec la chair inhabitable des statues
serre comme un couteau entre ses mains

6

Comme si la mer dans un autre temps
comblait tout l'espace
les nageuses croisent décroisent
leurs jambes de vair
sans faire trembler le profil des lampes

mais dans la rue hors d'haleine
les yeux débordent

La nuit en province tombe dans les yeux bien avant
    l'âge
comme si la musique bleue autour du temps
devenait plus insupportable à cause de l'aventure
des branches des oiseaux saouls de vertige
— et leurs voiles tissés d'attentes de regrets
les veuves en garnissent le front ridé des fenêtres
dont les plis se resserrent encore
au passage des filles peintes : trame
d'une vie jetée comme la nuit
dans un bas sans couture

7

Puis la nuit brusquement
retire son échelle
et comme s'il tombait de plus haut
le mot *amour* dans les vitrines
éclabousse comme du sang
le visage du matin

LA DERNIÈRE PASSE

À quoi bon hisser encore le bas noir tendre l'arc
des jarretelles si la mer est déserte et si
le poids des chairs tire la barque vers le fond
ô vierge folle que la nuit de toute part enserre
comme un arbre époumoné de ciel — et le vent
s'y endort et ton enfance qui rêva
du grand amour Te voici sur la terre sans nom désor-
*   mais*
exilée tournant contre le mur la panoplie du désir
les médicaments déjà qui envahissent
et ce téléphone rose où tu entends
comme au creux de l'oreille d'Icare
battre les ailes de la mer

Prendre langue dans une histoire
qu'on aura vécue du bout du cœur à peine
Si riche d'aimer qu'on se dise en poèmes
on manque de mots pour louer l'Autre
de jour en jour plus poignante piège ouvert
ou porte sur notre propre désert
Ainsi consens-tu au premier visage
qui s'arrête fût-ce une photographie
que le voyage d'écrire au moins se poursuive
et que la voile d'horizon
linceul de tant de vies
un vent furieux la déchire

LA DÉCHIRURE DU CIEL

I

Et si c'était vraiment le déluge, cela
qui, vague après vague, jour après jour,
chasse jusqu'au fond les vieux papiers
les vieux amours, les visages, les lumières
les maisons sur leur toit, baleines échouées ;
si c'était vraiment lui, ce long frisson
comme un corridor qui nous traverse
quand la trompe du marchand de poisson
retentit dans l'air humide,
resterions-nous ainsi comme une barque vide
dans l'ombre sans bouger
attendant que le passeur endormi
ressoude les deux rives ?

C'est trop peu dire que nous ne vivons pas
dans la lumière, que chaque pas
est une chute d'Icare, et pas un jour
pas un bruit, pas un pas
qui ne nous sacrent propriétaires
de rien — les dieux mêmes ont perdu l'héritage
du vent et leurs voix désormais tournent en rond
alors que le ciel s'ouvre les veines
aux quatre horizons de la chambre
et que les feuilles déjà se tendent
pour recevoir avec l'or et la myrrhe
l'encens bleu qui monte de la terre.

Si même nous avions pouvoir d'élever
au-dessus des maisons, des routes bleues,
cette charge d'ombres, de doutes
qui nous use comme pierre des seuils
et qu'un nuage puisse tout emporter d'un coup
en disperser le sel sur les eaux de la mer,
consentirions-nous seulement à y jeter
ces marges du poème, à demeurer
ici-bas, dans l'herbe vive
comme une feuille que le ciel a quittée ?

IV

Et si le poème, c'était plus simplement
ce qui reste en souffrance dans la déchirure
du ciel, comme une valise sans couleur
un gant dans l'herbe — et le rayon de soleil
s'amuse avec les serrures, l'agrafe en fer blanc
cependant que nous restons en retrait
empêtrés dans nos ombres
comme un enfant grandi trop vite
et qui ne sait plus rire.

LA CHAMBRE D'AMIS

Aux jours sombres que la pluie creuse
comme la coque des paquebots livrés à la ferraille
et qui attendent à quai leur changement d'adresse
la cuisine incline à la lecture des lames de fond
que le voyageur pressé ignore
comme le sens de sa vie et sa chute bientôt dans le
    néant.
Pour affronter, l'âme verticale,
le mal de mer dans un pays qui n'a pas d'horizon
je rassemble sur la toile cirée la maigre cargaison
de livres échappés à l'écume des semaines : amis
toujours les mêmes et toujours inouïs
brûlants de cette vie qui fut manque tenace
et qui me tient debout, est-ce bien vous ?
Georges Perros qui fumez sur la falaise
le tabac bleu de vos poèmes et vous Charles-Albert
réunissant d'un geste sous l'éternel béret
les trois collines musiciennes et la flèche
de la cathédrale d'Aigues-Belles qui n'existe pas
dit-on — mais la barque des métamorphoses
où mes yeux guettent le miracle d'une éclaircie

existe-t-elle davantage ? et moi-même derrière mon
    hublot
qui crois entendre le carillon et vos voix distinctement
comme si elles encorbeillaient sous mon front
le verger vif et le pourrissoir des plaies ?
Vous ? moi ? quelle importance après tout :
l'automne au bout du chemin a déjà tourné la page
et le jour s'apprête à décrocher ses lampes.
Quand la nuit viendra, sa main lourde livrant
au plâtre nu nos ombres refroidies,
il ne restera rien de ce voyage ensemble
sinon, peut-être, l'âcre odeur des pavots
jetés entre nos livres, en passant.

1

Dilectures

SUR L'ÉTAGÈRE

Combien sont-ils à attendre
— momies serrées dans leurs plaquettes
qu'une main d'eau lente ou fiévreuse
les sorte dans le grand vent et qu'ils affrontent
entre ciel et terre les dieux qu'ils crurent briser
et qui vont vifs dans l'air bleu du matin
Ceux qui jaunissent sans recours et ceux
qui cassent les dorures du temps
ceux qui ont tout perdu qui font le pied du meuble
et ceux qui traînent ouverts à toute heure
dans les pièces ensoleillées de la mémoire
les vainqueurs les vaincus auront un jour
même visage et même voix
l'envergure du milan sur le sillon
le profil du bouleau dans le soleil
et derrière la charmille l'inlassable chuchotement de
   la rivière
dont pas une voyelle ne se perd.

AVEC HUMILITÉ, HÖLDERLIN

Ainsi passons-nous notre vie à chercher sous la poigne
    des mots
la main qui frète le silence à la fin du poème
quand les choses les plus simples communiquent
(la friteuse crépite et son rucher fumant
porte d'un coup d'aile au milieu des genêts
la cuisine basse et sourde à nos appels)
et nous allons à travers cette complicité
sans rien comprendre les yeux vides
comme à travers l'enclos du corps la vie la vie
dont seul certains soirs nous parvient
le galop assourdi et têtu — mais le cavalier trahi
par quel écart du cheval fringant qui est-ce
sinon cet autre moi toujours fuyant
jeté à terre et traîné dans la plaine.

GIACOMO LEOPARDI

(déchant)

Ce n'est pas l'échelle de Jacob
cet escalier lustré du *Caffe Greco*
que la lune grimpe avec aisance
tandis qu'il souffle à chaque marche
plus pâle et voûté que son ombre.
L'ange froid de la gloire, il l'a vaincu
entre les pages des héros
mais ici que lui reste-t-il
à l'heure où la taverne rejoint la nuit :
trois boules de glace — fraise vanille pistache
que le regard seul entame et le désir plus fort
d'entendre encore une fois le cœur des jours anciens
résonner dans la coupelle de cristal.

O. MANDELSTAM

Au lecteur inconnu
j'ai désigné non le vers lisse
mais sa cassure
cette brèche dans la muraille des vents
où je demeure
un bouquet de roses à la main
jardinier de l'instant perdu
et comptable à jamais
de la lumière inconsolée
sous la paupière des aveugles

PESSOA

Au bout de la nuit il y a une chambre toujours qui
    reste éclairée
comme un feu de berger sur la colline
ou comme une étoile inconnue
à qui nous donnons notre chiffre
ou celui de notre compagne
ou celui de l'absente
de la désirée de l'impossible
et cela suffit à notre pas pour que la peur
nous quitte et l'angoisse
de ce qui nous attend derrière la porte
Délivrés de notre poids
si nous marchons c'est comme en rêve
au bout de nous-mêmes il y a une chambre qui ne
    ferme pas
pareille à un bureau de tabac en plein midi
à une maison de passe à une pharmacie
au ciel de la marelle un jour d'été
une chambre unique où chacun peut entrer
s'asseoir ôter son masque et dire
à son image dans le miroir
je n'y suis pour personne

Peut-être regardant l'enseigne déteinte
au fond de la ruelle et dans ce renfoncement
qui oblige la mer à se jeter entière
dans le cri des mouettes
peut-être y pensais-tu déjà
à cette gloire qui vient aux ports dépareillés
— Trieste Alexandrie Bruges-la-Morte
qui vient, soleil quand la fête sous la pluie
a fermé ses boutiques,
frapper aux portes
et prendre des nouvelles du mort.

Trieste, ils l'ont cent fois maudite
les frères de Jakob Hutter
qu'emmenait la galère habsbourgeoise,
et ce soleil au bout du quai
que leur descendance aujourd'hui refuse
c'est ton étoile jaune qui brille
dans cette boutique pleine de songes
le serin dans ta poitrine qui demande combien
combien de livres pour oublier
que la mort tire les rênes de nos yeux.

Qu'importent au fond les étagères croulantes
la sonnette d'alarme des mouettes n'étonne plus
chaque jour il reprend sa vie à zéro
par-dessus le livre ouvert à la dernière page
empilant l'insigne et le pauvre, l'ombre
et la lumière des ciels qui furent vastes
sur d'étroites contrées, puis se lève
et sa solitude s'écroule comme au marché
la montagne instable des oranges
Le soleil délivré ouvre ses mains vides
et la fortune de vivre qui écrasait l'épaule
allège le bilan.

EZRA POUND

Et tant marchent et se pressent vers la lumière
qui ignorent l'ange d'ombre attaché à leur flanc
comme un surgeon, une branche un peu folle
— vie oblique mais, peut-être, qui sait?
la seule voie pour gagner d'un coup la sortie
découvrir que l'arbre était pourri d'avance
dont nous mangions les fruits, mais non cette ombre
plus vive à nos pieds que la flèche de Pise
dans la main du vieil Ulysse en chapeau
se souvenant de la cage de fer et qui chante.

HÔTEL ROMA, 27 AOÛT 1950
(Cesare Pavese, 1)

Laisse la nuit sur ses chemins, il n'est plus temps
de chercher la lampe que les terrassiers ont enfouie
avec tes yeux sous la montagne de l'aube
chacun déjà se lève tire les rideaux prononce pour soi
des paroles qui n'ont pas de versant
sinon peut-être derrière la cloison invisible
ce mort qui se lève aussi et continue
dans une autre lumière
la tranchée ouverte au milieu de la chambre
dont la terre s'éboule à chacun de tes pas

La fenêtre qui donne sur les quais
n'arrête pas la marche des trains
pas plus que la lumière n'arrête
la main qui tire les rideaux
tout juste si parfois du mur
un peu de plâtre se détache
un pétale touche le guéridon
il arrive aussi qu'un homme
laisse tomber son corps
sans réveiller personne

Toujours les fables recommencent
et l'enfant prodigue revient au pays
sans hâte ni bagage car il a grandi
connu les femmes, et ses yeux fatigués
ont perdu le fil de la vie
Reste la nuit, colline endormie sous la paupière
et lui n'a plus le cœur de la réveiller
sachant que rien ne lavera le sang sous la vigne
des premiers jours heureux
auprès du maître de maison

LES ROIS MAGES

Toujours ce que nous croyons tenir s'échappe
par quelque fissure de l'horizon
comme cette forêt en marche depuis des siècles
qui nous précède, et nous voici à l'étape rompus
avec le goût des feuilles bruissantes
la pauvre monnaie de soleil qu'on laisse
sur la table d'auberge car la serveuse est douce
c'est l'or et la myrrhe qui nous échoient
par l'échancrure du ciel sans délivrance
sinon sous le coup de vin dur
et par-dessus l'encens des cigarettes
ce rire soudain qui repousse la nuit

POUR CLAUDE ANDL TREMANT

PASSAGE DE LA VISITATION

La maison de nuit, l'éveillé
la serre dans sa poche
parmi les mouchoirs les clés
un reste de sable et de tabac
Il s'est assis contre le vide
et regarde jusqu'au bout de sa vie
comme le dormeur à l'auberge d'Emmaüs
qui ne retrouve pas à sa place
le pain rond sur la table vernie
mais la lune ramassant les miettes
Peu à peu les mots restés en suspens
se glissent entre ses lèvres
et comme le doigt du ciel
passé dans la corde du pendu
il élargit tout doucement
la face du matin

Ce visage devant le jour, obscur
à qui la nuit d'un coup donne sa transparence
est-ce moi est-ce un autre Je
questionne et ma feuille est remplie de ratures
pareille à la terre où j'ai semé mes pas
sans faire lever d'autre réponse
que cet écho du silence qui va
brûlant tous mes vaisseaux — lieux dates
l'enfance même, l'enfance
comme s'il voulait pour le rejoindre
que je me jette nu dans la mer
ce visage devant le jour, obscur
en qui la nuit me lave de moi-même

Les oiseaux comme des pierres qui tombent dans nos
	chants
témoigneront un jour contre l'âpre existence
qui ne hasarde l'amour et la lumière qu'à petites doses
entre un présent ouvert sous le pas comme un gouffre
et cette absence au fond de nous qui crie ouvrez donc
ouvrez Nous ne voulons rien perdre hélas du peu qui
	reste
à peine un feu d'enfance sous la pluie et rien ne brûle
	ici
que nos yeux aux fenêtres cœur poussif que la ténèbre
	essouffle
quand notre ombre déjà frémit jusqu'aux solives de
	l'être
à la pensée qu'un soir entre lèvres et paroles
se glissera la froide et dure lame de la foudre

2

La lecture à Metz

Pour Jacques Réda

Poète, lis ton poème, dirent-ils
que le monde enfin se renverse
comme une tète sous la lampe
qu'enfin s'épelle ce nom
dont l'ignorance nous aveugle

alors, lui, ouvrant le livre
vit que les pages étaient devenues blanches

MANŒUVRES, RÉPÉTITIONS

1

Ce que tu abandonnes dans l'air aride, passant
qui vas sans te retourner dans les vitrines, nul
n'en connaîtra le poids ni la couleur, à peine
si le brin de paille a frémi sous ton pas, rien

pour saluer ton passage en ce lieu, sinon
cette phrase sans verbe qui cogne aux fenêtres
comme un ivrogne au fond de la nuit blanche : passant,
nul, à peine, rien, sinon rien, passant à peine.

(déchant)

Nu-tête et c'est peu dire quand le ciel
comme un soc immense entre les toits
va creusant davantage encore
les épaules maigres du printemps
quand tout au-dedans même est plus nu
qu'une eau sur la pierre et les mots
sont une épée liquide, et ceux-là qui attendent
avec un crayon un calepin des yeux
que la mer ne remplirait pas
étayent encore le mur qu'il te faudra franchir
nu-tête avec le vent, contre le vent
comme une phrase en rade sur la page
et c'est d'elle pourtant qu'un corps sera tiré
profond, lointain, comme une flûte :
ce poème à mi-voix de l'autre côté sombre
où depuis tant d'années tu marches sans savoir
la tête près du cœur

2

Lieu, cette parole en exil troublant si peu
le silence, comment y glisser ta voix vivante
pauvre robinson, y faire entrer de nouveau
ce corps de bois et de collines, y rallumer

le feu de l'âme en sa nuit, à présent qu'un goût
de cendre et de son, sous le masque du rêveur
pauvre, tient le poète habité par la foudre
mort à ses vers et mort à l'oreille publique.

Ce gamin à la vitre, qui ânonnait
le nom des gares entre les tacatams
tu le retrouves dans le miroir des villes
trente ans plus tard cherchant encore
entre les ombres du paysage en fuite sur ton front
l'oasis où convergent les lignes de ta vie
C'est bien la même lecture, hésitante, monotone,
comme si le train jamais ne s'était arrêté
mais la glace a des tavelures
que la buée n'efface pas

3

Lieu aride où l'homme avance comme un ivrogne
tâtonnant dans la nuit, comme une phrase blanche
au fond de soi qui tourne et retourne sans rien
trouver sinon, sous la paille, cet abandon

de l'être, ce pas sans poids ni couleur, ce
verbe à peine comme le salut d'une fenêtre
au passant qui frémit et cogne un rien,
à peine de quoi nommer poème ce lieu.

Voici la table lisse le verre d'eau l'ombre
de l'absent qu'on va juger sous la lampe
voici la foule absoute d'avance sur trois chaises
ou quatre et au creux du silence qui s'assied
voici le démiurge sans cravate, Jonas devant
la ville et le micro, qui se rince la bouche
et sa voix parle et son ombre absorbe l'ombre peu à
*   peu*
et la lumière se fait quelque part tout à coup
et nul n'a rien vu rien entendu
et le jour qu'on croyait connaître et qui est tombé
au fond de la pièce il le ramasse
avec le verre qu'il porte à ses lèvres
baisse le bras sourit, le poète et c'est fini
la faille ouverte dans la mer se referme, tous
sans le savoir ont rejoint la terre promise
lui seul reste sur l'autre bord
qui a perdu son nom

4

Passant, ce qui cogne et tourne au fond de toi
nul, ni le pas de la nuit ni l'aube qui point
à peine, n'en dira le poids ni la couleur
rien, pas un brin de phrase en ce lieu qui frémisse

sinon, comme à l'ivrogne saluant les
fenêtres, ce verbe de paille à l'abandon ;
passant, va sans te retourner : le poème an-
nule ton passage dans l'air aride et le sauve.

*Celui qui s'est endormi n'a pas vingt ans
sa coupe sombre et sourde jure
sous une écharpe rouge de Moudjaïdinn
qui croule avec le corps d'un seul côté
comme si vaincu par l'attente de l'aube
derrière la montagne des mots que tu assembles
il avait trouvé déjà ce qu'il cherchait :
une autre épaule à sa nuit sans mesure
et que tu sens peser sur la portée fragile des syllabes
comme une tête d'enfant qui roule,
car te voici devenu malhabile ne sachant
plus s'il faut porter ta voix ou la sienne
qui murmure au cœur du silence soudain :
l'aube est là l'aube et c'est la même
depuis toujours sous la montagne qui bleuit*

Cet étranger paumes tendues
dans la ville aveugle est-ce toi
marchant parmi les visages qui gardent
leur secret comme ce vase grec
dans la vitrine garde ton visage
est-ce toi ce masque d'argile et de cendre
que le temps mord sans qu'un seul cri
s'échappe, toi ce guerrier brandissant
l'épée contre le ciel sans voir
sous son pied la terre qui s'effrite
toi ce voleur de mots
qui n'a jamais pu lire
par-dessus sa propre épaule

Metz c'était cela aussi
sous le tombeau ouvert du ciel
qui décharge son gris cataleptique
sur la bâtisse prussienne
réciter pour personne des vers anciens
en arpentant les rues qu'un vent déboussolé
brasse C'était cela cracher dans la Moselle
un vieux rêve d'enfant comme une dent mal soignée
toucher la mer avant que le soir tombe
et tu restais penché sur le miroir verdâtre
des heures dis-tu mais ce fut cinq minutes
— le temps sur l'eau marche si vite
qu'on a l'éternité d'un coup
et c'est la mer à boire
c'était cela, à Metz
à Cergy à Shanghaï :
être poète
cela aussi
sans doute.

POUR EN FINIR

L'ART DE

L'art de naître un matin dans une cuisine de province
    entouré de choucas
(Ô la grise douleur des femmes qu'accuse la distance)

L'art de parler tout seul dans une cuisine de province
    sans attendre réponse
(Le cheval hennit au bout du pré, la mort est-elle
    moins dense ?)

L'art d'attendre la nuit dans une cuisine de province
    défaisant maille à maille
la robe de lumière qui habilla ma mère et la mère de ma
    mère (les yeux de chat assurent qu'elle m'ensevelira)

L'art de faire l'amour dans une cuisine de province
    avec des mots roulés
dans l'encre et la farine — et la femme à jamais lasse
    comme un cœur qui ne va pas à la ligne

L'art de descendre soleil dans une cuisine de province
    ayant jeté la clé

et le paillasson tout ensemble dans ce coin de mémoire
   envahi par les rats

L'art de mourir debout dans une cuisine de province
   regardant les collines
où les filles laisseront encore longtemps couler leurs
   hanches par ces après-midi trop vastes pour mes
   bras (ô dimanches en famille, amère adolescence)

L'art de n'avoir pas vécu dans une cuisine de province
   et d'y vouloir quand même
attendre le train d'Astapovo qui toujours vient à l'heure
   et qui toujours surprend.

Mais revenir est une autre aventure
que la fuite dans la nuit
avec une rose qui sait rire et pleurer
et le petit grognard de plomb qui coupe
à travers la doublure et qu'on n'a pu laisser
sur la table parmi la monnaie.
Revenir ce n'est pas le chemin d'habitude
ni la terre au bout qui bâille contre la haie
ni la mer de rêve plus rose et violente
que le tango du ciel dans les blés mûrs, ce n'est pas
la maison d'enfance avec ses tuiles décharnées
et la grange perclue de rhumatismes qui s'accroche.
Non, revenir n'est pas regarder en arrière
mais déposer devant soi dans l'herbe ce petit soldat
et le voir marcher à nouveau, cueillir une rose
et te la lancer en passant, toi qui jamais
n'as su partir.

LA VIE PROMISE

à toi

I

Un peu d'or dans la boue

I

Je me disais aussi : vivre est autre chose
que cet oubli du temps qui passe et des ravages
de l'amour, et de l'usure — ce que nous faisons
du matin à la nuit : fendre la mer,

fendre le ciel, la terre, tour à tour oiseau,
poisson, taupe, enfin : jouant à brasser l'air,
l'eau, les fruits, la poussière ; agissant comme,
brûlant pour, marchant vers, récoltant

quoi ? le ver dans la pomme, le vent dans les blés
puisque tout retombe toujours, puisque tout
recommence et rien n'est jamais pareil
à ce qui fut, ni pire ni meilleur,

qui ne cesse de répéter : vivre est autre chose.

II

Le temps qu'on se lève vraiment, qu'on dise
oui de la pointe des pieds jusqu'au sommet
du crâne, oui à ce jour neuf jeté
dans la corbeille du temps, il pleut.

Ô l'exacte photographie de l'âme, ces deux mots
qui nous rentrent les yeux comme des ongles
dans la chair : il pleut. Le sang de l'herbe
est vert insupportablement et c'est en nous

qu'il pleut, en nous qu'une digue rompue
voit s'effondrer peu à peu, derrière la vitre
et parmi les voilures, avec des pans de vieux
regrets, d'attentes fatiguées,

les raisons de partir et d'habiller le froid.

III

Encore, si le feu marchait mal, si la lampe
filait un miel amer, pourrais-tu dire : j'ai froid,
et voler le cœur du noyer chauve, celui
du cheval de labour qui n'a plus où aller

et qui va d'un bord à l'autre de la pluie
comme toi dans la maison, ouvrant un livre,
des portes, les repoussant : terre brûlée, ville
ouverte où la faim s'étale et crie

comme ces grappes de fruits rouges sur la table,
vie étrangère, inaccessible présent
à celui qui ne sait plus désormais
que piétiner dans le même sillon

la noire et lourde argile des fatigues.

IV

Peut-être faudrait-il tirer le rideau, laisser
le corps tout entier couler dans la fatigue
se dénouer l'entrelacs des pensées, la noire
étreinte des algues, trancher vif

avec ta propre mort, ce qui a été et qui n'est
plus, avec ce qui viendra, l'inéluctable
marée de sons et d'images que les noyés — dit-on
n'emportent pas, laisser le temps

comme la pluie battre ton front
jusqu'à ce que tout redevienne poussière
dans la chambre du mort : on vide les tiroirs,
on balaye et par la porte ouverte la lumière

un instant se fait chair et frissonne.

V

On dit : le soleil après la pluie, la mer
après la montagne, l'amour après
et partir, partir. Demain, quand tout sera,
quand tout aura, quand.

Promesses des morts si vivre est plus
qu'attendre, qu'espérer. Cendres jetées
sur le feu qui regimbe un peu puis se tait
sans consolation : la nuit

tombe, l'aube se lève, un été a passé.
Déjà, disent les fumées du hameau
tandis que des animaux sans colère continuent
d'amasser l'or du temps, l'or

de nos yeux avides et si vite fermés.

VI

Et tu finis par ranger le livre, là-haut,
à sa place exacte, ce petit creux d'ombre et d'oubli
comme le coin de terre qui te revient.
Tu reviens toi aussi

à ta place, devant la fenêtre, la table,
ce carré de neige que nul encore n'a forcé
et qui va dans tous les sens comme ta vie
parmi les mots, les morts.

Tu sais bien qu'aucun signe ne guérit de l'absence,
pas plus que le merle en tombant ne renverse
l'axe de la terre, mais tu persistes, ô scribe,
à soudoyer les anges :

un peu d'or dans la boue, dites, que la nuit reste
  ouverte.

VII

Si j'ai cherché — ai-je rien fait d'autre ? —
ce fut comme on descend une rue en pente
ou parce que tout à coup les oiseaux
ne chantaient plus. Ce trou dans l'air,

entre les arbres, mon souffle ni mes yeux
ne l'ont comblé — et je criais souvent
au milieu des herbes, mais je n'attendais
rien, je me disais : voilà,

je suis au monde, le ciel est bleu, nuages
les nuages et qu'importe le cri sourd des pommes
sur la terre dure : la beauté, c'est que tout
va disparaître et que, le sachant,

tout n'en continue pas moins de flâner.

VIII

Vers l'ouest, avec les derniers rayons roses,
en suivant bien la flèche sur le bas trop tendu
de la nuit qui s'est penchée pour mettre
l'avion dans sa poche, voilà

ce qui te tient encore, les yeux au ciel, debout
sur ce parking où tu effiles dans le gris
tes voiles de Colomb, tes routes de la soie
et du sel et du seul, en attendant.

En attendant que tout finisse (tu dis *tout*
comme celui qui siffle pour garder son ombre
à ses côtés dans la ruelle obscure) tout : ce baiser
— à peine — du couchant sur les lèvres

de celle qui s'en va en te laissant le quai.

IX

Ce que j'ai voulu, je l'ignore. Un train
file dans le soir : je ne suis ni dedans
ni dehors. Tout se passe comme si
je logeais dans une ombre

que la nuit roule comme un drap
et jette au pied du talus. Au matin,
dégager le corps, un bras puis l'autre
avec le temps au poignet

qui bat. Ce que j'ai voulu, un train
l'emporte : chaque fenêtre éclaire
un autre passager en moi
que celui dont j'écarte au réveil

le visage de bois, les traverses, la mort.

X

Je me disais : il faut encore, il faut —
et les mots couraient devant moi, reniflaient
la route, le ciel, les fougères, le ventre
mal boutonné des collines

puis revenaient, me rapportant un bout de peau
calcinée, un fragment d'os : cette vieille
et toujours lancinante question
du pourquoi ici, moi, pourquoi ?

— aller venir attendre comme le préposé
aux départs, qui ouvre et ferme l'horizon,
attendre l'ultime voyageur
avant de retourner l'ardoise, d'écrire :

fermé pour cause de paresse.

L'échiquier des jours

NUAGES

Dits, dédits, amours, méprises,
et jour et nuit, l'un dans l'autre,
le blanc valant le noir et tous

— fil blanc perdu dans les bois,
fleuve plein de gestes et d'appels,
mare aux canards miteux — tous

s'en vont finir dans le pur océan
et nul n'y revendique : moi, moi,
moi, comme ici, nul

qui cherche à bâtir pour lui seul
une barque pérenne, un nom
contre le temps et gravé

dans la pierre, nul
car le ciel est à eux, qu'ils dénouent
et font bouger, les nuages.

LE PRESSOIR DU TEMPS

Cependant qu'en l'école fraîchement repeinte
le maître demeure attentif aux marges nettes,
à la correction des jambages (ils tracent, dit-il,
l'avenir sans faux pas), un fleuve distrait
est sorti de son lit, un tyran s'est levé
hirsute, ou c'est l'ombre d'un nuage
qui change tout à coup l'écriture du monde,
et l'enfant qui rêvait dans la poudreuse
complicité des livres ne trouve plus
le chemin tracé où la vie se lit comme
les lignes de la main. Il s'enfonce déjà
dans le pressoir du temps comme ces mots
déjà s'effacent, qui l'ont porté.

Cela se tait si fort qu'on s'arrête :
quelques grains de tabac, la fleur noircie
d'un pavot et, parmi les cernes de café,
des larmes. Derrière la vitre des mots,

un homme s'est assis qui n'en peut plus,
ayant brûlé ses yeux, son nom, perdu
tous ses biens. Peu lui importe
qu'un fleuve continue entre les marges

du livre, s'il est plus seul qu'un fétu
rejeté sur le bord, à la merci du vent,
quand vivre, c'est encore et encore
mourir à tout ce qui refuse

l'exil, la nudité, la nuit.

À cinq heures, quand le monde explose
comme une fourmilière, eux demeurent
sur le banc du parc, attachés
au crayon de leur ombre. Le plus taiseux
voit bien les barreaux de la cage
et que toute parole est vaine
qui n'entrouvre le compas du présent.
Aussi, rentrant dans sa chambre déserte,
peut-il encore monter à cru
l'invincible cheval de l'horizon
et longuement laver son cœur
de la poussière et du vent froid
dans la crinière qui flambe.

LA VISITE

Par la fenêtre entrouverte : mille cris d'oiseaux,
le vert bruissement et la voix d'une enfance
parmi les collines, l'assourdissante joie
de midi, voilà pour ce qui est de voir

et d'entendre, couché entre des draps blancs,
les porteurs d'oranges et de larmes rentrées
qui s'ingénient à doubler ton silence. La mer
tirant sur ses chaînes, c'est plus loin,

au fond des membres. Ici, à marée basse,
tu souris comme on aligne sur la plage
ces grands châteaux qui ne vieillissent pas :
ton cœur est dans la chambre haute,

qui voit de loin venir ce qu'il attend.

LE REMPAILLEUR

Ce que cela a coûté pour que plie le vieux paysan
qui refusait de céder la terre des aïeux
et pour l'ensablement du marais, et le pontage
et la réception des hauts dignitaires, il l'ignore,
le peintre du dimanche voué aux fleurs,
aux yeux de chats, à l'éclosion des jeunes filles
sur la dune imaginaire, tout comme l'ignorent
les dieux de ce palais qui fument et parlent d'art
avec des gestes de statues grecques. Il sait
seulement que pour peindre un passereau dans le ciel
suffit, un rayon de soleil sur la paille de sa chaise,
pourvu qu'au fond du silence un instant se desserre
la poigne d'ombre qui fait trembler les yeux.

EN FÉVRIER

Lui aussi croyait en sa force de tigre
et que la jeunesse est immortelle.
Il savait par cœur le chemin et le goût
du lait dans le bol ébréché,

mais que le sang fût amer et froid le métal
dans la tiédeur de l'aube : non. Un frisson
a parcouru son poil ébouriffé, libérant
un brin d'herbe si vert que j'ai suivi

des yeux son preste envol, le temps
d'un souffle, juste ce qu'il faut à la mort
pour traverser une vie de chat et jeter,
dans un bol de lait sur,

une belle journée de soleil, à jamais ébréchée.

LE BAIN PAISIBLE

pour Anne-Marie Kegels

Que lui importent l'enfilade des couloirs
sans issue, et le ciel décrépit et le parquet
ciré où grimace un soleil de décembre :
elle est aveugle au milieu de vieillards
et prend son bain, à l'heure de la visite,
dans le flot des paroles que nous déversons
pour faire passer l'âcre odeur d'encaustique
et d'amours fanées. Elle qui, dans une autre
histoire, porta le feu aux javelles du verbe,
goûte en souriant la tiédeur des mots
qui nous déshabillent — et nous frissonnons déjà
comme s'il fallait pour nous rejoindre
plonger nu dans la neige.

LETTRE À MON FACTEUR

1

Été comme hiver, la barrière est ouverte,
paisible au fond le chien qui aboie
contre l'horizon vide, bien avant
que je t'aperçoive, et il n'y a guère

plus de vingt pas de la route au seuil
de ma maison, ni ronces dans l'allée
ni femme dure et sombre, personne
pour sortir les verres à pied, voir

la chaleur déplier ton visage
comme une lettre et, comme le désert
se traverse, brûler cette distance
qu'une boîte rouge et vide

t'empêche de franchir.

2

Je te le demande au lever, devant le miroir
quand tout peut encore advenir : une piqûre
de guêpe, le renversement du tyran,
l'explosion grandiose du mur

que le voisin a élevé sous mes fenêtres.
Je te le demande encore quand le soleil
retire son échelle et que mon ombre se confond
avec l'ombre de la toise mitoyenne,

le bras noir du tyran resté debout
avec le dard précis de la guêpe qui viendra
un jour, déguisée, mais si sûre
de m'abattre ; je te le demande :

quoi de neuf, ici, pour nous deux ?

HORS DE PORTÉE

Ah, s'il pouvait être de chair vivante, cet homme
debout sur l'horizon, qui charge les nuages
dans sa brouette, s'il pouvait emporter un peu
de la boue des jours qui traîne dans les regards
et les os, dissiper cette ombre en nous
qui fait tapisserie devant l'indéchiffrable
partition du ciel et de la terre,
tu ne piétinerais pas ici derrière la vitre
comme Jonas au fond du navire malmené,
priant que la lumière se fasse tout à coup
et que vibre l'accord de toutes choses :
désirs, joies, souffrances — hors de portée
comme les voix blanches et noires de la musique.

Assez du sombre et du triste, de la litière
qui pue le rance et de l'oubli, assez
du vent qui siffle par-dessous la porte
comme un serpent :

nous voulons vivre dans le vert et mettre
le ciel à nos cornes comme un ruban
de fêtes. Le lait du cachot est amer
et nous remonte à la gorge.

Comme un fleuve trop longtemps tenu
en laisse, nous pousserons devant nous
les collines têtues et, l'ivresse aux tempes,
ayant bu, crié à tous vents,

nous regarderons les hommes, droit dans les yeux.

PARTIE NULLE

Toujours une chaise manque au bonheur
et la chambre est trop vaste (ou c'est la main
soudainement avide qui tâtonne dans la lumière)
et tous nos subterfuges n'y changent rien,
comme d'ajouter une plante dans le coin mort,
un napperon sous le vase — les fleurs fraîches
ont dans leurs plis quelque chose de trop vif :
un air de reproche, de douloureux défi
qui fausse nos moindres élans. Dehors même,
il nous faut marcher l'amble plus longtemps,
soudés l'un à l'autre, pour que s'estompe,
avec nos ombres sur l'asphalte,
le bruit des pièces à jamais perdues.

à Virginie

Ce n'était rien, cette poignée d'herbe jaunie
arrachée à l'été, cette coulée de larmes
sans bruit sur quatre oisillons décharnés
et couverts d'excréments, rien

ni de refermer ce trou de quinze centimètres
avec les mains, le plus délicatement possible
comme pour épouser les gestes de la petite
nourrice avec sa pince à épiler, ses mouches,

ses vers coupés en quatre, ni de consentir
à jeter le sel avec la cage sur la terre
vivante : trois fois rien — mais savoir
qu'il y a tant de mots, tant de mots

et rester sans voix quand tous les autres rient.

Accompagnements

QUATRE DILECTURES

BORGES

Un jour, la nuit s'établira sur toutes choses
et bonheur et malheur pourront se regarder
droit dans les yeux car les miroirs auront cessé
d'opposer l'homme à son vain reflet. Le tigre,
même à l'ombre des barreaux, connaîtra que nulle
est la gloire des livres ; qu'au mythique héros
des contes populaires, l'or inaltérable
fut enlevé, et qu'il leste à présent sa proie
frileuse mais digne dans le vent du combat.
Tel qui se croyait aveugle, timide, sans
courage, descendit aux enfers, épousa
Béatrice et, tendant sa gorge au vieux rasoir
du Temps, affronta l'autre, ce double inconnu
derrière la porte, qui fait saigner les roses.

LE VOYAGEUR OUBLIÉ
(Sur un vers de Claude Roy)

C'est la vie qui nous fait mourir,
écriviez-vous dans ce poème où tout
demeure à vif : le crépitement des trolleys,
la nuque de l'amante à son miroir

et jusqu'à la jeune morte sur son lit,
tellement sage qu'on ne sait plus
si c'est le temps qui passe ou nous
qui passons à travers lui, les mains vides,

comme un train somnambule à travers
la campagne endormie — et le voyageur
oublié dans le creux de ses bras

est un lac au soleil de midi, un lac
que rien ne trouble, pas même le reflet
du corps penché qui tremble dans la vitre.

Que d'impatience et pour quoi si demain
n'est qu'une barque sans voile ni rame,
un pont sur le vide ? Pense au vieil homme
d'Alexandrie, à ses trésors enfouis

dans un tiroir parmi les clefs, un reste
de tabac, le profil usé d'un roitelet déchu.
Il suffisait d'un klaxon dans la rue,
d'un pas plus vif dans l'escalier

pour réveiller la chambre, le corps voluptueux
de l'ange, la cinglante et fragile
beauté de l'amour, et sa voix dans le noir
comme du sel

jeté sur une plaie, en passant.

À GEORGES PERROS AU PIANO

pour Michel Butor

Les oiseaux, oui, qui n'ont pas de dents,
pas de doutes, pas de regrets, et les enfants
qui traînent la mer au bout d'une ficelle,
et les femmes dont le *non* est un oui

dans une autre gamme, quand on a le dos
au sol et que leur ombre dans nos yeux
verse à pleins seaux le ciel qui toujours
lève l'ancre à nos genoux,

et les poètes que la vie traverse
comme un train l'affiche bleue des voyages
— et chaque vers sous l'ecchymose
porte le chiffre de la rose et du

déchirant bonheur d'être nu parmi les ronces.

DANS L'ATELIER

LAZARE ET LE MAUVAIS RICHE
Jacopo Bassano, 1540

I

Ils sont trois autour de la table, l'un tient
négligemment une viole sur ses genoux,
mais ne joue pas, l'autre le plat vide
sur la nappe croulante, le troisième
est une femme au corps très blanc, les seins
offerts à la lumière de cette fin de journée
où chacun attend quelque chose de plus
qui se refuse, se refuse obstinément.
Ils sont trois autour de la table
et tu fais le quatrième dans l'angle
perdu de la toile, ramassant les miettes
sous l'illisible signature.

II

Ils sont trois autour de la table et conversent
à voix basse tandis que l'ombre lentement
creuse son puits, y noie les visages de gloire.
L'or se ternit et la pourpre s'éteint,
les seins d'albâtre, s'ils se gonflent encore,
c'est dans un dernier sursaut avant
que tout retombe. Ils sont trois
comme un triangle aveugle qui a perdu
ses pointes, et toi, dans la coulisse,
tu restes avec celui que les chiens lèchent,
le fou du roi dans sa chambre, Lazare,
n'importe : un homme attendant la goutte
qui fera déborder la mer.

III

C'est une fin de journée
comme nous en avons tous connu :
les choses sont à leur place, le monde
pourrait se renverser, le tableau, le sujet,
rien ne changerait de regard — à moins, comme ici,
que l'enfant de Jacopo, le peintre,
ne se glisse entre la scène et le pinceau
et ne reste là, les yeux grands ouverts
sur le coin le plus sombre, cette sourde folie
qu'il ne peut accepter ni refuser :
l'indifférence des vivants
pour les vivants — et s'il interroge le vide,
c'est comme s'il cherchait de quoi remplir
la nuit et les yeux de Lazare ensemble.

Rien qu'un souffle

I

Oui tout homme debout n'est qu'un souffle,*
poussière dans la gorge ses cris, ses pleurs,
ses chants d'amour et de déréliction, sable
du désir qui s'enlise : mourir,

ne pas mourir, qu'importe après tout,
si la mer n'est rien d'autre qu'un soupir
dans le rêve du ciel qui s'abandonne,
nos yeux la voile prise de vertige

et qui retombe vite sur la barque de chair
— ô frêle esquif dans le brouillard, sans fanal
hors la petite voix qui se balance
derrière la nuque, répétant

l'inlassable qui es-tu, qui es-tu, qui ?

* Psaume 38, verset 6.

II

Un souffle. Qu'il passe donc avec le vent
dans les bleuets sans rien garder, à peine
le frisson du mot *bleu*, l'odeur
d'un charnier — car tout retombe ici,

l'alouette et la balle, ensemble ou séparées,
le cri de joie, l'affront, l'accent aigu
de la douleur, tout retombe, même
le vent qui passe et ce poème à mi-course

déjà gagné par le doute, pauvre rafiot
qui prend l'encre de toutes parts et va
sombrer. Pourvu qu'un peu du souffle y passe
qui nous vide et nous allège

et que sa musique soit douce en passant.

L'aurais-tu écrit cent fois, de haut en bas,
de droite à gauche, avec ton souffle
sur la vitre, ton doigt dans le sable
comme un enfant, un aveugle,

le fils de l'Homme accroupi au milieu
de la meute — et la biche échevelée
voit l'ombre difforme des chasseurs peu à peu
se dissoudre, toutes les pierres

tomber dans la fosse vide avec le regard
qui lui coupait le cœur en deux — l'aurais-tu
gravé au fer sur ton front, s'il n'a fait
de ta vie la pâture des oiseaux,

le mot *amour* restera la meule pendue à ton cou.

IV
(Tao)

Bonheur — ou comment dire cet espace du souffle
élargi tout à coup aux dimensions du ciel
quand l'instant d'avant : vertige, angoisse,
que sais-je ? tu trébuchais

à chaque pas sur ton propre corps. Parler
est impossible et toi-même peu digne
d'ouvrir la bouche ici, sinon peut-être, oui,
comme un poisson sur l'herbe

entre les jambes du pêcheur qui rêve.
L'ombre de la ligne n'empêche pas le courant,
ni ta main crispée le temps qui passe,
laisse aller, laisse, car tout est perte

à qui veut prendre — et nommer est-ce autre chose ?

V

(Tutoyons-nous)

De grâce, amis, ne perdons pas le temps
qui reste, à élargir encore le fossé d'ombre
entre nos rives, quand déjà la fatigue suffit
et le brumeux appel des regards

à pencher vers la nuit la carcasse d'argile.
Ce que nous sommes dans l'herbe haute,
les couloirs heurtés de la ville ou la bouche
collée aux vitres comme ceux

qui s'en vont nus, pleins d'effroi, le cœur
tourné contre le mur, est peu de chose :
un souffle à peine dans la lumière et qui décroît
si rien ne le détourne de lui-même

et du feu dévorant l'âme sous le boisseau.

D'avoir tellement couru dans le blé
pour rien peut-être : le plaisir du vent
sur la peau et le sang plus léger
que l'incendie des roses, d'avoir

chanté loin des villages quand nul
ne pouvait entendre que l'herbe ou le saule
toujours penché sur quelle invisible blessure,
d'avoir frissonné un instant dans le bleu

comme les oiseaux et pris comme eux
notre part d'éphémère, peut-être,
sans rien savoir, aurons-nous assemblé
le peu qui manquait à nos vies

pour affranchir le souffle et débarquer la terre.

La montée au sonnet

(Pour un art poétique)

MUSES

Seins de glace ou d'enfer, orage
en plaine et la mer entre les collines
agenouillant sans mot dire celui
qui n'avait soif que de lui-même.

Le tant présent à ses mots, le voici
sans paroles jeté hors du poème,
chair à nouveau et feu et eau,
porte battue battant le cœur

comme une grange dans l'été paille et poutre
avec la mort petite mais sourde
qui s'impatiente, voudrait parler,

parle, de plus en plus haut,
jusqu'à ne plus entendre qu'elle,
dans leur bouche, qui muse.

I

Treize encore et non douze ou quatorze,
malgré qu'on en ait, et comme pour ménager
un peu l'animal dans la montée au sonnet
et retarder la chute inévitable.

Si la voix tombe avant la fin du morceau,
c'est sans doute faute de vouloir une musique
autre que le silence élargissant le souffle
au-delà de soi-même.

Comme le jardin d'ombres dans le trille
inachevé du roitelet prend toute sa mesure,
le treizième apôtre seul à table, ignorant
le pendu, lève son verre

à l'espace innombrable des étoiles.

II

Et puis tous ces *comme*, ces *encore*,
ces grosses chevilles de caissière,
comme disait l'autre en proie à la grammaire
et qui théorisait sur les racines,

à deux mètres du parterre de pissenlits
— je l'entends encore, c'était comme,
enfin, bon — et là-dessus la poussière et la dalle,
son dernier ploc mouchant d'un coup

tous les oiseaux du voisinage. Au retour,
buter sur un caillou faisait monter les larmes
et l'on se retenait aux chevilles de la caissière
que tous ces *comme*, ces petits malappris

menaient danser pour nous, devant, avec la pluie.

III

Et la césure qui se plante là-dedans
comme un type en salopette au milieu du bal
des sirènes. Allons bon, revoilà la marine
— mais comment dire je t'aime

sans trébucher dans ses lacets ? Le clair de lune
à l'heure électronique n'étrangle plus
que le visage en larmes d'un basset,
contre l'arche du pont, qui s'oublie,

oublie sa faim et sa misère : au bout
de sa longe, là-haut, la muse s'impatiente
qui tire comme un poète à la ligne, tire,
tandis qu'avec la lune passe au fil des reflets

l'âme de l'homme qui aboie.

IV

De ces mots de rien, de peu, ces verbes
ramassés sur la route et traînés dans la pluie
comme les papiers gras de la fête, à l'aube,
dans l'herbe écrasée,

faire une échelle pour grimper jusqu'au pendu
qui se balance à la maîtresse poutre
du Temps, couper la corde et envelopper
ce corps sans visage

dans la langue des collines, le bleu
ramage des oiseaux, la musique des cuisines
après le dernier repas, quand tout s'est éteint
et que la lune seule

remplit l'assiette du voyageur oublié.

II

L'attente

I

Si tu viens pour rester, dit-elle, ne parle pas.
Il suffit de la pluie et du vent sur les tuiles,
il suffit du silence que les meubles entassent
comme poussière depuis des siècles sans toi.

Ne parle pas encore. Écoute ce qui fut
lame dans ma chair : chaque pas, un rire au loin,
l'aboiement du cabot, la portière qui claque
et ce train qui n'en finit pas de passer

sur mes os. Reste sans paroles : il n'y a rien
à dire. Laisse la pluie redevenir la pluie
et le vent cette marée sous les tuiles, laisse

le chien crier son nom dans la nuit, la portière
claquer, s'en aller l'inconnu en ce lieu nul
où je mourais. Reste si tu viens pour rester.

II

Je sais, criait-elle, je sais : les téléphones
n'existent pas, c'est partout la fin du monde,
les gens s'écrasent sur les trottoirs,
on meurt debout, de dos, de face,

sans prévenir. Il n'y a plus que les chats
pour savoir décliner le mot amour
au bord du précipice, et tant pis pour ceux
qui dorment en paix, tant pis

pour la plaine inconsolable : toujours du blé,
toujours du bleu et pas le plus petit grain
de montagne à l'horizon, le moindre

écho de toi dans ce désert immense,
pas la plus légère secousse au bout du fil
comme une voix pour endormir la nuit.

III

Détrompe-toi, dit-elle encore, il n'y a pas
que mes lèvres, mes seins, pas que mon ventre
à t'attendre, à surseoir d'un jour, d'une heure même,
le jugement du vide qui m'écrase

comme un insecte sur la vitre, non. Il y a loin
de la mer à cette plage où tes vagues,
l'une après l'autre, viennent accoucher du vent.
Il y a, dit-elle, il y a

ce qui est sans visage, sans voix : un champ de neige
derrière la haie — l'hiver y dure depuis si longtemps
que tes soleils, tes glorieux soleils

de fin de semaine, s'ils le frôlent jamais,
y fondent aussitôt — et je reste à t'attendre,
seule et glacée, sous tes caresses.

IV

C'est dans une île qu'il aurait fallu,
disait-elle souvent, une île un peu égarée
mais quand même tenant tête au vent,
une avec des arbres verts et nombreux,

de quoi se perdre, s'oublier, reprendre un visage
qui ne ressemble qu'à soi, où dure l'étonnement
d'être, et savoir si le cœur est encore
à sa place, maître à bord du vieux navire.

Oui, c'est dans une île, dans une île
qu'il aurait fallu ouvrir l'un après l'autre,
peu à peu, notre unique trésor, et non

l'étaler comme ici, parmi les rognures du temps,
tout jouer d'un coup de dés sur le tapis
et puis demander au plafond l'heure du train.

La main brûlée

I

Voix et verdure pourtant, alentour,
et comme dans un tableau de maître
légèrement incliné sur la vitre du monde :
un merle invisible chante

et c'est la secrète douleur du peintre qu'on perçoit,
le tremblement de sa main dans la lumière.
Comme lui, nous restons debout, hors du cadre,
les yeux pris dans la pâte du jour,

écoutant sans entendre et regardant sans pouvoir
toucher, sinon le décalage de nos ombres
sur le pré, le porte-à-faux de toute vie :
être là, dans l'herbe drue, et douter

douter encore que la terre existe.

II

Comme toujours, nous avons voué le meilleur
à ceux qui, passant, l'ont dispersé plus loin,
dilapidé dans des auberges obscures, perdu
au fond d'une combe et rien

n'est venu en retour soutenir le feu poussif,
alléger la charge d'ombres, dissoudre
la lie des habitudes, ce champ aride
où tout fait pierre : nos moindres gestes,

nos paroles — et la nuit, même au mitan du lit,
n'est plus qu'un fleuve à sec, de cailloux.
Mon amour, est-ce ainsi que les roses
meurent quand vient l'hiver,

le cœur serré comme un poing, dans les épines ?

III

Nous avons tant accusé : la fatigue, le bruit,
le poids du ciel et la chaleur, le voisin qui,
les enfants dont et la chienne à la corde,
hurlant jour et nuit, tant

qu'aux premières têtes roulant dans l'herbe
— nuages bas, feuilles et fruits — nous n'avons
plus trouvé pour le tranchant des mots
que ce double profil dans le miroir

comme l'effigie des rois condamnés d'avance
dans la main de l'usurier : ton visage, le mien,
pâles sous le néon, la gorge sourde
comme si déjà la nuit

resserrait son collier.

Pourtant nous avons chanté nous aussi
avec les chanteurs, nous avons ri, pleuré
quand il fallait, pour être et rester
un arbre dans la forêt, une carte

dans la main du joueur prudent, ni plus
ni moins ; et nous voilà tout à coup seuls,
étrangers l'un à l'autre, rendus
à ce verre sur la table qui tremble

au passage des trains : c'est tout juste
si nos yeux peuvent encore y boire
le souvenir de l'eau, le souvenir de l'autre.
L'hiver a passé, la foudre et le gel

mais qui a brûlé la main du joueur de cartes ?

V

Nous dirons, quand tout sera fini,
les livres vendus, les lettres ficelées
et la table poussée contre la porte
avec des pots de fleurs, un petit

arrosoir en plastique vert ou jaune
— et Dieu sait comme nous avions horreur
de cela, à deux pas du jardin
ouvert jusqu'au fond des chambres,

là où ce qui n'a pas de regard s'étiole
peu à peu : la fleur d'oranger trop tôt cueillie,
la promesse oubliée, l'ombre d'une île
entrevue et remise à plus tard — nous dirons :

où donc étais-je, là-bas, si je n'ai pas dansé ?

VI

Mais le vent est tombé, et chacun peut enfin
ramasser ses morts : tuiles cassées, tôles
ou carreaux, et l'on voit dans l'herbe
autour des maisons

les gens courir comme au matin de Pâques,
quand déjà nous n'y croyions plus
et qu'il fallait en remettre sur la surprise.
Ruse inutile à présent : pour nous,

la terre est une table plus longue au désir
que la faim, un manteau de fuite pour amants
fatigués — et l'amour demeure
très au-dessus

comme un bel éclair et qui dure.

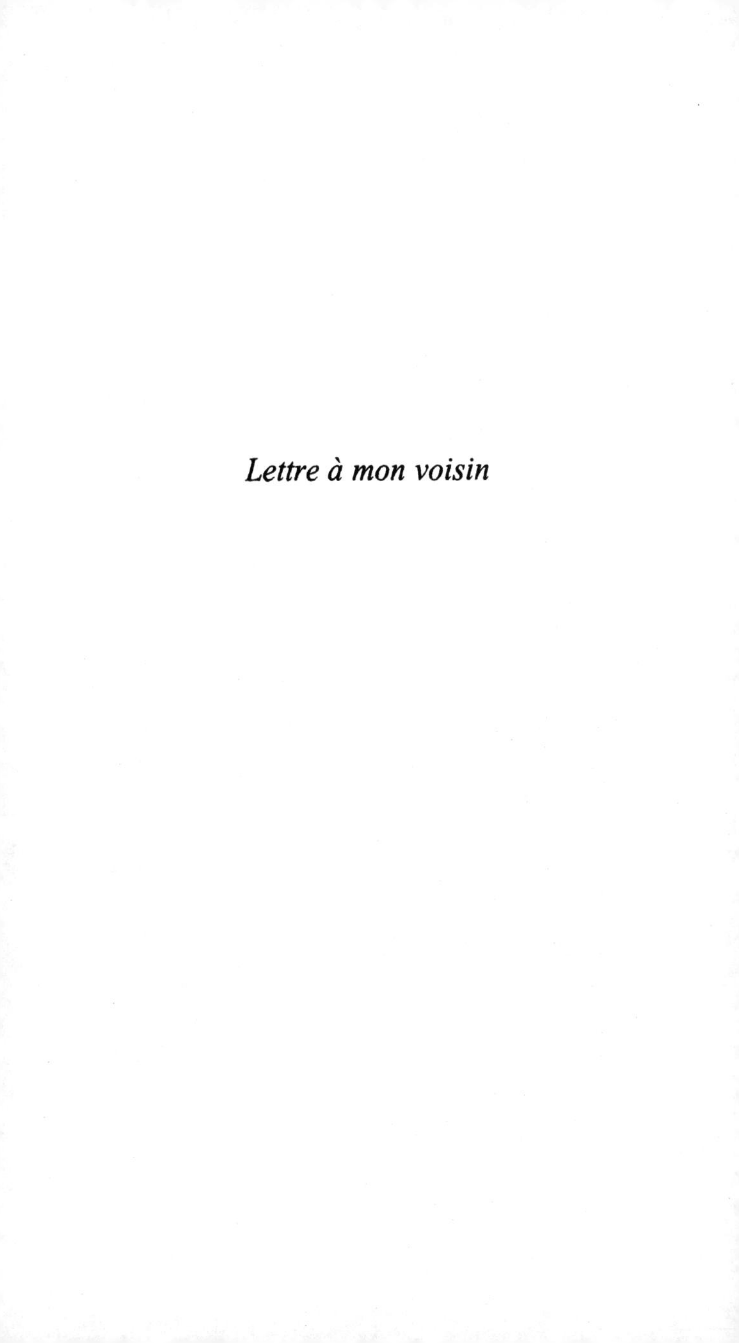

Lettre à mon voisin

à Robert Frost

Maintenant que nous avons franchi le pas,
comme on dit, passé la porte rubiconde

— mais le brou, comme nos amours, a viré
lui aussi, avec le temps, l'insupportable

répétition entre grêles et soleils
des mêmes atteintes, des mêmes

attentes — maintenant que nous avons
tourné la page et le coin de la rue

avec la prosaïque exaltation du voyageur
regardant passer les vaches (et sa béatitude

est douce, et pâle sur son front
le reflet de la mort qu'elles crient

dans leur superbe indifférence), bref,
maintenant que nous voici

lancés sur le rail ensemble
et comme détachés des terres mitoyennes

où l'on croyait durer, nous savons
que le poète enseveli là-bas dans le cellier,

sous les pommes et les honneurs,
a vu juste : les plus longs voyages

ne sont que plis sur l'eau.
                              Car la clé

qu'on a jetée au fond de la mémoire
continue de tourner, rameutant

le cheval roux, le vieux pommier intarissable,
la poignée mal recollée du frigo

et, de plus loin, là où tremblent la rosée
ou les larmes, ce que ni l'un ni l'autre

n'avons jamais pu franchir :
ce grand vide à travers la chambre

après le feu des chairs,
et l'impassible éclat

de ton premier sourire.

II

Comme des gosses, nous avons cru longtemps
que grandir c'est abattre des murs,

dépasser l'appel du couchant où la mort
fait la roue et puis sauter au cœur

de l'oiseau noir qui garde les planètes
et le profil des neiges ainsi qu'au jour premier,

nous avons cru qu'il suffisait
de dire printemps été azur azur

pour forcer le passage dans la ceinture
des saisons, disparaître dans le paysage

comme le bruit d'une chanson, devenir
arbre, cri d'oiseau, graminée, galet,

et ne plus peser que son poids de lumière,
de lumière —

Ô Poésie, vieille entêtée
pleine de tics et de malice, entends :

la mer est aux écoutilles, les murs
comme des champignons repoussent

plus hauts, plus forts après l'orage,
et la jonchée des vers

est un champ de bataille, un jardin
renversé sous l'assiette du ciel.

        Tout a grandi trop vite
et les murs nous débordent :

automne, hiver, ciel gris, terre qui
s'enfonce. Où sommes-nous, où est l'amour

qui transfigure ? Ce que les années ont usé,
la pluie sur le toit le raconte et nous

l'écoutons ainsi depuis des siècles
dans la nuit, côte à côte,

jusqu'à ce que la mer ouvre la chambre en deux
et que chacun, ayant repris son nom, sa barque,

rentre chez soi, toutes voiles dehors,
dans l'île sans rivages,

sans voisins.

III

Et voilà que le soleil encore une fois
touche la terre et les jambes

des femmes qui ne se retournent pas,
voilà que la pierre à nouveau se lézarde

et qu'un mur invisible s'effondre
sans autre bruit que ta main

se retournant sur la table de bois
— et la paume est une feuille

avec toutes ses nervures, son train
d'ombres et d'abois : lignes de vie,

lignes de chance, lignes
coupées, pendantes, voies de traverse

et qui s'égarent, lettres au désert
rappelant le puits de l'ancienne oasis

où nous allions ensemble boire et
boire quand l'anneau d'or retenait

pour nous seuls le feu de la terre
dans l'eau vive et nos chevaux fougueux

à la plus fine de tes mèches.
Sur la table entre nos corps,

ta paume comme une rose ouverte boit
les derniers rayons de l'automne.

                    J'ai perdu
la page et le titre, Robert Frost,

mais pas les premiers mots de ce poème
à la jeune saison, ni la sourde détresse

au cœur de l'élégie : il n'y a pas
de retour, pas de retour — un hiver

chasse l'autre et ce qui fut merveille,
la vermine s'en nourrit. Restent la douceur

des larmes, l'orbe de ta main dans le soleil
et cette voix têtue qui monte du verger,

et son ultime appel : *Oh, donnez-nous
la joie de ces fleurs aujourd'hui,*

et de toucher la terre ensemble

encore une fois.

IV

Vue imprenable, disait l'annonce,
calme et tout — mais qu'est-ce que la mer

quand il n'y a qu'à regarder
comme on pousse un nuage du front

et qu'est-ce qu'un espace où rien ne bouge,
pas même l'ombre du vent, rien

sous la lampe invisible qui nous coiffe
et défait nos visages, ride après ride,

défait nos voix tandis que la lumière
enfile des larmes sur tes joues.

Je suis auprès de toi,
les mains coupées,

comme un voleur surpris
par la douceur de sa proie

et qui craint de briser le cou
en brisant le collier.

La lampe du voisin,
un rideau d'arbres ou d'arbustes la tamise

d'où l'illusion le premier soir
de voir la lune se pencher sur la vague,

ramasser les débris du naufrage : ces belles
promesses, ces lettres d'amour, cela

qui nous tient encore ici, serrés
dans l'encadrement vide, longtemps serrés

avant d'éteindre.

V

La vue est différente à l'aube
quand on ouvre les volets : un mur

coupe la mer au bout de la jetée
où nous voulions courir,

main dans la main comme ces enfants
qui furent notre souffle, la voix

d'une légende noyée avec nos ombres
dans le grand lit froid.

Ici, le mur
est de vraies pierres moussues

et protège tout un chœur de troènes
qui moud le vent, bat le grain

d'une tondeuse à gazon. On croit entendre
le cri rauque des sirènes vaincues

comme si déjà Ulysse, notre voisin,
avait rangé ses voiles

et fermé l'horizon.

VI

Qu'est-ce qu'un mur ? Je l'ignore.
La fin d'une histoire ou le souvenir

d'une autre qui n'a pas eu lieu,
ce champ clos où le jeune sang

noircit à piétiner son rêve ? Des yeux
qui ne voient plus ce qu'ils regardent

— l'herbe humide, les arbres, la mer,
ton visage incliné, ton corps

nu — mais du vert, du bleu, du rose
que le soleil crucifie : une carte postale

dans la main du prisonnier *Un bonjour
d'Italie* ou *Baisers d'Ithaque*, et le cœur

vaquant à ne rien faire que battre
comme tambour aux mains de la pluie,

quand tout devrait s'ouvrir, exalter
l'inconnu derrière ces mots que tu refuses,

ces silences que j'entasse : mur
invisible et qu'il nous faut franchir

avant que tout soit dit.

VII

C'est la route qu'on n'a pas prise
qui essaime le plus — l'autre a fini

dans un sac au fond de quelle chambre obscure
avec la carte des illusions, un morceau

de montagne ou d'enfance et beaucoup
de poussière, autant dire perdue à jamais :

nous ne reviendrons plus vers nous, la route
est sans retour et tous les ponts

coupés : le désir et la soif du désert,
la femme infranchissable, le goût des nuits

sous le manteau, fini. Nous marchons dans nos pas
comme le temps dans les horloges, vite,

la tête noire, pleine d'effroi et de rumeurs,
et, comme le voisin pierre sur pierre

rebâtissant son mur irréparable,
nous ajustons des mots de plus en plus légers

sur des silences que rien ne cimente
plus : miroir brisé d'un rêve où passe,

comme la route bruissante derrière la mer,
cette vue imprenable et calme et tout,

reflet du seul amour : la vie promise.

L'éclaircie

FÉVRIER À VÉLO

1

Comme s'il fallait quand même croire un peu
à l'éternité qui se cache dans la doublure des vents,

j'ai serré, en bon cheval qui s'ignore,
mon désir de partir entre les dents

et pris mon vieux vélo, un habitué des caves
et arrière-boutiques puisque grand-père déjà

(mais c'est une autre histoire), en cordonnier habile,
utilisait la selle pour donner forme à des souliers.

Une fois lancé dans la descente, on oublie
que l'Histoire est du temps qui s'arrête

pour ramasser ses morts, et soi-même,
on se carre sur la machine pour passer

plus facilement entre les mailles
du présent qui résiste : ce poème promis,

stoppé au premier vers, la porte
du poulailler qui bâille et la liste

des courses pour le soir, dont le détail
se perd à mesure qu'on avance. Vite, un coup

de pédale et que l'oubli me prenne tout entier,
efface pour de bon le remords d'avoir fui

une chambre enfumée et clôturée de livres,
qu'il n'y ait plus à la fin pour signer mes papiers

qu'un paraphe de vent.

2

Et qu'importe la côte, et que le vélo grince
et que craquent les os : je suis parti et rien,
pas même la pluie qui gendarme le paysage

depuis dix jours pour avoir cru
au printemps avec deux mois d'avance, rien
ne découragera le fuyard surpris par son élan

comme un chaton retombant sur ses pattes
(pour un peu, il s'élancerait à nouveau dans le vide)
— surpris, dis-je, et qui s'en veut

d'être resté assis des heures en vain
à contempler sa feuille alors que le soleil
faisait le zouave à la fenêtre, tambourinant

— mais on est sourd aux signes d'allégresse
quand on baigne sans arrêt dans l'amère
illusion que tout est là entre les lignes

du papier : la vérité vraie et la vivante vie.
Qui s'en veut, oui, s'en veut de s'en vouloir
et voilà d'un seul coup la mécanique emballée

qui s'enraye (tout commence dans la tête,
disait l'autre, et finit dans le pédalier).
Pédaler, ne pas penser,

voilà bien la leçon.

3

Février à vélo est presque une gageure
pour le rongeur de frein, le douteur
de grand fond qui prend dans l'encrier
plus d'eau que de poisson. J'avoue,

puisque c'est l'heure de la pause,
mon penchant pour ce genre de descente
au cœur de l'infortune, et n'était
ce sursaut inouï de février, sans doute

aurais-je atteint le point de non-retour,
mais bon, la chaîne est réparée
et je reprends la route, remettant à plus tard
un discours importun et mes doutes

et mon piètre hameçon. Le soleil s'est assis
sur ma fourche et des yeux m'encourage
comme la mouche du coche, me répétant que vivre,
c'est ici, maintenant, et qu'importent les tâches :

demain n'est pas tandis que là-haut, déjà,
derrière la colline, le roi est nu et la cour

des miracles rendue : prés, bois, rivières
avec un plein lit de musique,

là, qui nous attend.

GUY GOFFETTE

Guy Goffette est né en 1947 à Jamoigne en Lorraine belge et mort à Namur le 28 mars 2024. Enfance buissonnière dans les collines, suivie de longues années d'internat dans des institutions religieuses, qui avivent son goût de la liberté. En 1969 pourtant, il se marie, fonde une famille, bâtit sa maison et entre dans l'enseignement qui le retiendra longtemps (*Éloge pour une cuisine de province*). Avec quelques amis, comme lui brasseurs de nuages, il crée en 1980 une revue de poésie, *Triangle*, qui aura douze numéros et, trois ans plus tard, les cahiers de *L'Apprentypographe*, qu'il compose et imprime à la main. Cette double aventure s'arrête en 1987 pour faire place aux voyages — Yougoslavie, Québec, Roumanie, entre autres — qui nourriront peu à peu l'œuvre en cours, tandis que cèdent les premières attaches, révélant un quotidien qui se délite et une mélancolie croissante dont *La vie promise* et *Le pêcheur d'eau* se font l'écho. Un temps libraire, il finit par s'en aller sur les routes avec le vent. On l'aperçoit à Saint-Omer, Limoges, Charleville. Il vit un temps à Paris comme passeur de livres en partance.

PRINCIPAUX OUVRAGES

Aux Éditions Gallimard

LA VIE PROMISE, 1991.

LE PÊCHEUR D'EAU, 1995 (Poésie/Gallimard).

VERLAINE D'ARDOISE ET DE PLUIE, 1996 («L'un et l'autre»; «Folio», n° 3055).

ELLE, PAR BONHEUR, ET TOUJOURS NUE, 1998 («L'un et l'autre»; «Folio», n° 3671).

ÉLOGE POUR UNE CUISINE DE PROVINCE *suivi de* LA VIE PROMISE, *préface de Jacques Borel*, 2000 («Poésie/Gallimard»).

PARTANCE ET AUTRES LIEUX *suivi de* NEMA PROBLEMA, 2000.

UN ÉTÉ AUTOUR DU COU, *roman*, 2001 («Folio», n° 3813).

UN MANTEAU DE FORTUNE, 2001.

PETIT PRINTEMPS PORTATIF, *anthologie*, 2002 (hors commerce).

SOLO D'OMBRES *précédé de* NOMADIE, édition revue et corrigée, 2003.

AUDEN OU L'ŒIL DE LA BALEINE, 2005 («L'un et l'autre»).

UNE ENFANCE LINGÈRE, 2006.

L'ADIEU AUX LISIÈRES, 2007.

L'AUTRE VERLAINE, 2008 («Folio», n° 4925).

PRESQU'ELLES, 2009.

TOMBEAU DU CAPRICORNE, 2009.

LES DERNIERS PLANTEURS DE FUMÉE, 2010 («Folio 2 €», n° 5168).

PAUL CLAUDEL, 2011 (Albums de la Pléiade).

LA RUÉE VERS LAURE, 2011.

LA MÉMOIRE DU CŒUR, 2013.

GÉRONIMO A MAL AU DOS, 2013.

MARIANA, PORTUGAISE, édition revue et augmentée, 2014.

PETITS RIENS POUR JOURS ABSOLUS, 2016.

PAIN PERDU, 2020.

PARIS À MA PORTE, 2023.

Aux Éditions Gallimard Jeunesse

VINGT POÈTES POUR L'AN 2000, *anthologie* (« Folio junior en Poésie », n° 1010), 1999.

OISEAUX, *illustrations d'Hervé Coffinières*, 2001 (« Albums jeunesse »).

LUMIGNONS, *illustrations d'Aurore Callias*, 2011 (Giboulées).

Chez d'autres éditeurs

QUOTIDIEN ROUGE, *La Grisière*, 1971.

SOLO D'OMBRES, *Ipomée*, 1983.

LE DORMEUR PRÈS DU TOIT, *Cahiers du Confluent*, 1983.

LE RELÈVEMENT D'ICARE (avec Yves Bergeret), *La Louve*, 1987.

ÉLOGE POUR UNE CUISINE DE PROVINCE, *Champ Vallon*, 1988.

MARIANA, PORTUGAISE, *Le Temps qu'il fait*, 1991.

L'AMI DU JARS, *Théodore Balmoral*, 1997.

TACATAM BLUES, *Cadex Éditions*, 2000.

D'EXIL COMME EN UN LONG DIMANCHE, MAX ELSKAMP, *La Renaissance du Livre*, 2002.

LE JOURNAL DE L'IMITATEUR, *Fata Morgana*, 2006.

ÉPILEPSIE FORCE DOUZE, *Fata Morgana*, 2007.

L'OISEAU DE CRAIE, anthologie, *Espace Nord*, 2023.

Livres d'artistes

CHEMIN DES ROSES (avec Bernard Noël, illustrations de Colette Deblé), *L'Apprentypographe*, 1991.

LETTRE À UN CYCLISTE (illustrations de Joël Leick), *H.C.*, 1997.

ICARUS (traduction anglaise de Tucker Zimmerman, CD et gravures de Didier Bourguignon), *Éditions Transignum*, 2000.

LE SEUL JARDIN (sérigraphies de François-Xavier Fagniez), *Éditions Rencontres*, 2001.

LES EAUX NOIRES (avec une peinture originale de François-Xavier Fagniez), *Area*, 2001.

PSAUME POUR LE TEMPS QUI ME DURE D'ÊTRE SANS TOI (avec des peintures originales de Georges Badin), *G. Badin éd.*, 2003.

TRAVERSÉE (avec des photographies de Dan Hayon), *Éd. D.H.*, 2006.

L'ADIEU AUX LISIÈRES (gravures de Jean-Marie Queneau), *Éditions de la Goulotte*, 2006.

LUMIÈRE D'ÉPICERIE (illustrations de Wanda Mihuleac), *Éditions Transignum*, 2006.

ULYSSE ÉBLOUI (illustrations de Joël Leick), *Éditions Rencontres*, 2007.

LA CHAMBRE DES NUES (peintures de Julius Baltazar), *H.C.*, 2007.

LA MAISON DE L'EXIL (dessins de Nicolas Gauthier), *Circa 1924*, 2008.

L'ensemble de l'œuvre a reçu en 1999 le Grand Prix de poésie de la Société des gens de lettres et, en 2001, le Grand Prix de poésie de l'Académie française.

À consulter

Linda Maria Baros : « *Éloge pour une cuisine de province* de Guy Goffette », *Passer en carène*, Editura Muzeul Literaturii Române, Bucarest, 2005.

Gérard Bocholier : *Les ombrages fabuleux*, L'Escampette, 2003.

Jacques Borel : « Guy Goffette », *Sur les poètes*, Champ Vallon, 1998.

Collectif : *Guy Goffette ou la poésie promise*, Presses universitaires de Paris Ouest, 2012.

Benoît Conort : « Guy Goffette », *Histoire de la littérature française du XXe siècle, 1959-1990*, Hatier, 1991.

Jean-François Grégoire et Lucien Noullez : « Guy Goffette : lire l'espérance », *La Revue générale*, n° 6-7, Duculot, 1997.

Hédi Kaddour : « Guy Goffette », *Poètes français contemporains*, ADPF/Ministère des Affaires étrangères, Paris, 2000.

Yves Leclair : *Guy Goffette sans légende*, Éd. Luce Wilquin, 2012.

Muriel Louâpre : « Dans les plis du *Manteau de fortune* de Guy Goffette », *Poétiques et poésies contemporaines*, Le temps qu'il fait, 2003.

Jacqueline Michel : *Une difficile simplicité (Lionel Ray, Guy Goffette, Paul de Roux)*, Éd. Caractères, 2004.

John Taylor : « Guy Goffette : *Exploring an Elusive "Promised Life"* », *France Magazine* n° 54, été 2000.

LES PORTES DE LA MER

1. Une montagne de silence

2. Retour des muses

3. Cuisine côté cour côté cœur

4. Herbertstrasse   107

LA VIE PROMISE

I

III

*Ce volume,
le trois cent cinquantième
de la collection Poésie,
a été composé par Interligne
et achevé d'imprimer par Novoprint
à Barcelone, le 9 février 2026.
Dépôt légal : février 2026.
1ᵉʳ dépôt légal dans la collection : septembre 2000.
securitedesproduits1@madrigall.fr
Éditions Gallimard - 5, rue Gaston Gallimard - 75007 Paris*

ISBN 978-2-07-041492-5./Imprimé en France.

689401